문학동인 캥거루 수필 모음집

캥거루

문학동인

캥거루

수필 모음집

| Prologue |

캥거루 동인집을 내며

    2012년 12월 22일, 시드니 파라마타 워프 근처, 소박한 한인 카페 한구석에서 처음 모였습니다. 작은 테이블에 둘러앉은 다섯 명(공순복, 김미경, 유금란, 장미혜, 장석재)은 모국어로 이민의 삶을 나누고 싶었습니다. 그때는 각자 개인 수필집을 내는 게 목적이었습니다. 우리는 결연했고 절실했습니다. 그날의 떨림이 작은 씨앗이 되어 열두 해의 세월을 건너 지금, 13명의 회원이 첫 동인집을 엮어내는 결실로 이어졌습니다.

    '수필동인 캥거루'라는 이름 아래 우리는 매달 한 번씩 모였습니다. 서로의 글을 읽고 토론하며 문장 너머에 있는 삶을 나누었습니다. 때로는 웃음소리로, 때로는 말끝에 맺힌 침묵 속에서 뜨거운 공감과 성찰을 주고받았습니다. 그 소중한 시간이 우리를 단단하게 다듬었고, 글과 삶을 포개어 하나의 숨결로 이어주었습니다.

    이 동인집은 이국땅 호주 시드니에서 모국어로 살아낸 시간의 기록입니다. 각 동인이 대표작 한 편, 최근작 한 편, 그리고 신작 한 편을 담았습니다. 작품 발표순서는 제비뽑기로 정했습니다.

짧은 글 속에 스민 것은 단순한 이야기가 아니라, 우리가 지나온 시간과 마음 그리고 다시 피워 올린 이민 언어의 꽃들입니다.

  초대 회장으로서, 지금은 '고문'이라는 이름으로 이 발간사를 씁니다. 섬세한 손길과 따뜻한 지도력으로 오늘의 동인을 이끌어주고 계신 회장 유금란 작가, 총무 김미경 수필가 그리고 지난 12년의 길을 함께 걸어온 동인들께 깊은 감사의 마음을 전합니다.

  이 첫 동인집이 앞으로 이어질 더 많은 이야기의 첫걸음이 되기를 바랍니다. 아울러 이 동인집을 펼친 모든 이에게 잔잔한 울림으로 닿아가기를 소망합니다.

2025년 7월
고문 장석재

| 차 례 |

Prologue 캥거루 동인집을 내며   4

최지나   마거릿 리버에서의 첫날밤처럼   12
         송시(頌詩)   18
         조지 스트리트 75번지   22

유금란   돈 콜 미 베이비   28
         시드니에서 부르는 靑山別曲   32

박성기   책 읽어주는 여자, 정혜   42
         하루만 우리 둘만의 감옥에 갇혀 있어요   47
         부활을 앞둔 얼치기 작가의 모의 장례 축제   51

양지연	입국심사	58
	바로 당신이야!	62
	삶과 죽음 그 어디에 가벼움이 있는가?	65
안동환	숲의 노래, 생명과 공존	70
	숲의 풍경, 시간의 무게	75
	숲의 운명, 저절로 그렇게	80
임을옥	지도, 그 길 위에서	86
	20달러 행복	91
	잘 살고 있는 거죠? 모두	95
정동철	술과 아버지	102
	병권	106
	미스터리 노년	110

박새미	갠지스강	116
	안녕, 쿠스코	120
	12월의 로바니에미	125

장석재	둥근 달 속의 캥거루	132
	DMZ 발전병	138
	아임 낫 유어 맘	144

김은희	너도 할 수 있단다, 오징어순대	150
	그래서 그대가 좋다	154
	나는 미치고 싶다	159

장미혜	동행	168
	제임스 딘 가라사대	174
	집, 너를 위한 변주곡	180

신현숙	청계천 아래, 검은 물의 노래	188
	양철지붕 위의 무지개	193
	장롱 속 푸른 봄	196

김미경	녹아버린 하루	202
	기억하라 1970	206
	말 뺑소니	211

마거릿 리버에서의 첫날밤처럼

송시(頌詩)

조지 스트리트 75번지

최지나

인천 강화에서 태어나, 어린 시절을 보냈다. 유치원 교사로 일하다 서부 호주 퍼스에서 유학 중이던 남편과 1991년에 결혼, 호주로 이주했다. 세 아이를 키우며 전업주부로 지냈고, 2005년 퍼스에서 시드니로 이사했다. 2008년 수필창작교실을 수료한 후 글쓰기를 시작해, 2010년 『문학시대』 수필 부문 신인상으로 등단했다. 2015년 한민족통일문예제전에서 입상했다. 현재 한글학교 교사로 일하고 있으며, 문학동인 캥거루 회원으로 활동하고 있다.

마거릿 리버에서의 첫날밤처럼

깊은 밤, 잠에서 깼다. 갱년기 탓일까. 요즘 들어 수면 장애로 고생이다. 오늘 밤도 이렇게 밤을 새울 것 같다. 눈을 감아도, 떠도 온통 어둠뿐이다. 빛을 찾아 두리번거리다 창가에 시선이 멈춘다. 블라인드를 살짝 걷고 창밖을 내다본다. 짙은 어둠 속, 눈썹처럼 가느다란 달이 외로이 떠 있다. 그 곁에 달을 위로하듯 별 하나가 유난히 반짝인다. 오래전, 마음이 지치고 힘겨웠던 때, 다시는 오지 않을 것 같은 마음으로 맞이했던 그 새벽이 떠오른다.

유학생 남편을 따라 서부 호주 퍼스Perth에 정착하면서 시작된 신혼은 그리 달콤하지만은 않았다. 외아들인 남편과 아이를 무척 좋아하던 나는 쉽게 찾아오지 않는 아기를 기다리며 병원을 수없이 오갔다. 3년 만에 찾아온 첫 아이, 그리고 연년생 둘째가 태어났다. 간절히 원했던 만큼 아이들에게 온 마음을 쏟았다. 하지만 다시 3년 뒤, 셋째가 태어나고는 어떤 정신으로 살았는지 모를 만큼 힘겨운 날들이었다.

물론 남편이 도와주긴 했지만, 육아는 전적으로 내 몫이었다. 큰아이가 유치원에 갈 때 아이들을 차에 태우고 내려주는 일마저도 쉽지 않았다. 아이들이 자라면서 저마다 다른 것을 원했고, 나는 그 기대를 채워주기 위해 애썼다. 어느새 몸은 한계에 다다르고, 체중은 결혼 전으로 되돌아가 있었다. 사랑으로 시작된 여정이었지만, 지친 몸이 따라주지 않으니 그 사랑조차 버겁게 느껴졌다.

그즈음, 지인이 여행을 제안했다. 세 가정이 함께 2박 3일 남쪽으로 떠나자고 했다. 우리 아이들을 포함해 남자아이들만 다섯 명. 과연 이 아이들을 데리고 갈 수 있을까, 엄두가 나지 않았다. 하지만 일상에서 벗어나고 싶다는 마음이 더 컸기에 기꺼이 동행하기로 마음먹었다. 목적지는 마거릿 리버Margaret River. 이름이 예쁜 이유도 결정에 한몫했다.

"빨리빨리 준비해!"

이른 아침, 설렘 가득 안은 목소리가 집 안에 울려 퍼졌다. 여름 햇살이 뜨겁게 내리쬐는 날, 서서히 도심을 벗어나 달리는 차창 밖 멀리 인도양이 보였다. 끝없이 펼쳐진 수평선 위로 초록빛 바다가 물감을 풀어 놓은 듯 부드럽게 일렁였다. 집을 떠나 그 풍광을 마주하는 것만으로도 마음이 설렜다. 뜨거운 바람조차 상쾌하게 느껴졌고 가슴은 두근두근 뛰었다. 바셀턴Busselton까지 이어지는 해안도로는 눈부시게 아름다웠다. 바다 내음이 코끝에 매달려 함께 달렸다.

　바셀턴에 도착하자마자 점심을 간단히 먹고, 쉴 새도 없이 바셀턴 제티(jetty, 방파제)로 향했다. 남반구에서 가장 길다는 목재 방파제다. 1.8km에 이르는 그 길은 바다 위로 곧게 뻗어 있었다. 아이들은 다리 위를 이리저리 뛰어다니며 들뜬 기색을 감추지 못했다. 결국 아이들을 데리고 중간쯤에서 발길을 돌려야 했다. 비릿한 바다향이 진하게 퍼졌다. 방파제 양옆으로 투명하게 펼쳐진 바닷속에는 물고기 떼가 유유히 지나가고, 해초는 바람에 흩날리듯 흔들리고 있었다. 그러나 제대로 감상할 틈을 주지 않는 아이들 때문에 서둘러 다시 차에 올랐다.

　길은 끝없이 이어졌다. 왼쪽에는 빽빽한 숲과 나무들이 깊은 그림자를 드리우고, 오른쪽에는 인도양의 푸른 물결이 끝없이 펼쳐져 있었다. 신나게 달리는 그 길 위에서만큼은 육아의 고단함도 잠시 잊을 수 있었다.

　얄링업 비치 Yallingup Beach에서 잠시 쉬었다 가기로 했다. 파도를 타고 아슬아슬하게 균형을 잡는 서퍼들의 모습이 눈길을 사로잡았다. 물결을 따라 움직이듯 유려한 몸짓은 한 편의 춤사위 같았다. 경이로웠다. 아이들도 넋을 놓은 채 한참을 그 광경에 빠져들었다. 눈앞엔 하얀 모래사장과 에메랄드빛 바다가 어우러져, 한 폭의 풍경화처럼 펼쳐졌다. 주변을 둘러보았다. 이름난 와이너리들이 드넓은 대지 위에 평온하게 자리했고, 그 너머 초원에는 양과 말들이 한가로이 풀을 뜯고 있는 모습이 보였다. 그곳은 시간이 멈춘 듯 고요하고 평화로웠다. 자연의 숨결에 나도 섞여 함께 숨을 쉬는 것 같았다. 말로 다 설명할 수 없는 잔잔한 위로가 바람처럼 스며들었다.

남쪽으로 내려갈수록 내가 사는 도시와는 확연히 달라 다른 세상처럼 느껴졌다. 몇십 분 후, 숙소에 도착했다. 숲인지 산인지 분간할 수 없는 곳에 덩그러니 집 한 채가 모습을 드러냈다. 그사이 해는 어디론가 숨어버렸다. 우선 짐을 옮겨놓고 주변을 둘러보았다. 넓은 집밖에는 아무것도 없었다. 커다란 트램펄린(Trampoline) 하나가 전부였다. 아이들은 그 위에서 한참 동안 내려오지 않았다.

어둠이 완전히 내리기 전에 저녁을 먹기로 했다. 메뉴는 잔뜩 준비해 온 바비큐였다. 우리만 있는 고요한 공간에서 풍성하고 근사한 저녁 파티가 열렸다. 주변은 여전히 어슴푸레 밝았다. 벌레들의 노랫소리는 점점 또렷해졌고, 아이들은 모기에게 물렸다고 아우성을 쳤다. 결국 우리는 안으로 들어갔다. 잠시 후, 차를 마시던 여자들이 이대로 잠을 자기엔 너무 아쉽다며 밖으로 나가자고 했다.

문을 열고 나오는 순간 환호성이 터졌다. 하늘이 믿기지 않을 만큼 가까웠고 손을 뻗으면 잡힐 듯한 별들이 우수수 쏟아질 것만 같았다. 별천지였다. 나는 흥분된 목소리로 아이들을 불렀다.

아이들과 돗자리를 깔고 앉아 하늘을 올려다보았다. 감탄사가 끊임없이 터져 나왔다. 북두칠성을 찾아보려 했지만 하늘을 촘촘히 채운 별 속에서 도무지 찾을 수가 없었다.

얼마 후 아이들을 다시 안으로 들여보내고도 한동안 그 자리를 떠나지 못했다. 누가 먼저랄 것도 없이 윤동주의 '별 헤는 밤'을 작은 소리로 읊조리는데 불쑥 내 젊은 날의 기억들이 되살아났다.

어린 시절 살았던 시골에서 한여름 밤이면 마당에 돗자리를 깔고 누워 별을 세곤 했다. 북두칠성은 쉽게 찾을 수 있었다. 서로의 별에 얽힌 추억을 나누던 중, 별똥별이 떨어질 때 소원을 비는 것이란 말을 하는 찰나 눈앞에서 별똥별이 휙 하고 지나갔다. 소원을 빌 새도 없이 너무도 빠르게. 여기저기서 별똥별들이 밤하늘을 가르며 쏟아지기 시작했고 그 모습은 무척이나 강렬하고 아름다웠다. 순간, 잊고 지냈던 오래된 감정이 되살아났고, 마음 깊은 곳 어딘가에서 작은 소망 하나가 조심스레 노크를 했다. 무심코 지나쳤던 작고 소중한 것들이 하나둘 떠올랐다. 사실 내가 살아가는 하루하루가 얼마나 기적 같은 일인지, 평범한 일상이 얼마나 감사한 순간들인지, 그 모든 사소한 것들이 얼마나 큰 축복이었는지를 새삼 깨달았다. 그리고 그동안 아이들을 핑계로 미뤄두기만 했던 내 꿈도 살며시 얼굴을 들이밀었다.

몇 시인지 알 수 없었지만, 별들은 여전히 등불처럼 환하게 비추고 있었다. 그 많은 별 중 유난히 밝은 별 하나가 내 머리 바로 위에서 선명하게 반짝였다. 마치 내 마음을 헤아리기라도 하듯, 아무리 긴 어둠이라도 끝내 반드시 아침이 온다고, 그러니 너무 힘들어하지 말라고 위로를 건네는 것만 같았다. 그 밤의 울림은 오래도록 내 마음에 잔상으로 남았다.

어느새 어둠 속에서 빛나던 별은 사라지고 희뿌옇게 여명이 밝아오고 있다. 이 밤이 지나면 내일은 또 오겠지. 그리고 저 달은 좀 더 커져 있겠지. 마거릿 리버에서의 첫날밤처럼.

송시(頌詩)

　찾았다. 삶의 터전을 옮겨 다니면서도 끝내 버릴 수 없었던 몇 권의 일기장. 십오 년 전, 막내 여동생이 우리 집에 처음 왔던 날 가지고 온 내 일기장이었다. 오래전, 부모님 집에 살던 여동생이 우연히 내 일기장을 발견했다고 했다. 처음엔 무심히 지나쳤지만, 어느 날 문득 조심스러운 마음으로 일기장을 펼쳐 보았다. 시간이 가는 줄 모르고 읽다 보니 차마 그곳에 그냥 둘 수 없었다. 여동생은 일기장을 예쁘게 포장해 시집가는 짐 속에 담아 갔다. 혹시 누군가의 눈에 띌까 봐 장롱 깊숙이 숨겨 두었다가 가져온 그 일기장이 마침내 오랜 침묵을 깨고 내 앞에 모습을 드러낸 것이다.

　까마득하게 잊고 있었던 내 추억의 기록들. 사춘기의 언저리에서 마음을 눌러 담아 써 내려간 문학소녀의 조심스럽고도 간절한 이야기들이 노트 일곱 권 속에 숨 쉬고 있었다. 아이들을 키우는 동안에는 포장을 뜯어 추억을 소환할 시간은 주어지지 않았다.

그러던 몇 해 전, 코로나로 집에 머무는 시간이 길어지던 어느 날 그 일기장이 생각났다.

  창고를 정리하기 시작했다. 세월의 흔적을 말해주는 듯, 창고 구석에서 먼지를 켜켜이 뒤집어쓴 포장지는 누렇게 바래 있었고 모서리는 찢겨 있었다. 펼쳐 보기도 전에 가슴이 콩닥콩닥 뛰었다. 먼지를 털어내고 마른 수건으로 정성껏 닦은 후 맨 앞에 놓인 분홍색 노트를 펼쳤다. 파란색 모나미 플러스펜으로 꾹꾹 눌러쓴 글씨들. 그 시절엔 그런 펜으로 써야 더 감성적이라 느꼈나 보다. 책을 읽다 마음에 닿은 문장을 옮겨 적고, 짧은 시 같은 단상들이 다양한 글씨체로 빼곡했다.

  모두 자작시인지는 알 수 없지만, 간혹 '자작시'라 적힌 작은 표시가 보였다. 사춘기의 감수성 때문이었을까. 다소 서툴고 감정에 휘몰린 흔적들이 역력했지만 오히려 그 순수함에 울컥했다. 지금 보면 유치해 보이는 표현들도 그땐 얼마나 진지하고 진심이었다는 걸 새삼 느낄 수 있었다. 어떤 페이지는 울면서 썼는지 눈물에 번진 글씨도 보였다. 민망해 덮으려다 다음 이야기가 궁금했다. 그러다 멈춘 페이지. 아, 맞다. 그랬었지. 잊고 지낸 기억의 한켠에 아련한 순간과 함께 그 시절, 그 사람들이 있었다.

  제6회 졸업식이다. 그저께부터 연습해 왔던 송시를 낭송했다. 장○○ 선생님과 종일 교무실에서 시를 써야 해서 머리를 쥐어짰는데. 운동장에 모인 사람들의 울음과 웃음소리가 들리는 것 같다. 식이 끝난 후 선배들을 만났다. 불그스름 부은 듯한 눈. 부디 모두에게 행운이 깃들길 빌며.

> 잔잔한 호수 위의 / 따사한 햇살을 모아 짠 / 한 장의 손수건을 바칩니다 / 언제 어디서나 / 거센 바람에도 / 모진 눈보라에도 / 꺼지지 않고 타오를 / 영원한 등불이여!
> (중략)
> 교실에도, 운동장에도 / 당신의 뜨거운 입김 / 당신의 짙은 체온으로 / 무궁히 피어날 꽃들/ 그러나 / 지금은 / 또 하나의 이정표를 향한 / 아쉬운 석별 / 헤어지는 아픈 정 / 옷깃에 여미우고 / 이제 당신은 / 더 큰 바다를 향해 / 돛을 올렸으니 / 마음과 마음을 모두어 / 뜨거운 박수 드립니다 / 부디 / 가시는 길 / 즐거운 노랫소리 끊이지 않게 하소서.

이월 십일 수요일이라 적혀 있다. 내가 고등학교 2학년 때였다. 그날 선생님은 마치 웅변 원고를 작성하듯 단어를 수정했다. 송시를 낭송하고, 일 년 뒤엔 답사를 낭송했는데 그때도 영어 담당이었던 장 선생님과 함께했다. 국어 선생님이 계셨지만, 왜 그 역할을 장 선생님이 맡으셨는지는 알 수 없다. 학교 대표로 글짓기 대회에 나갈 때도 늘 장 선생님과 같이 다녔다. 선생님은 사춘기 소녀에게 설렘을 주기도 했지만, 때론 엄격했다. 그런 선생님께서 어느 날 나에게 예수님 얼굴이 새겨진 목걸이를 선물로 주셨다. 그 순간 느꼈던 설렘과 부끄러움이 뒤섞인 마음을 친구들에게 자랑하며 참 좋아했었다. 하지만 그렇게 소중히 아껴왔던 목걸이를 잃어버리고 말았다. 아무리 찾아도 끝내 찾지 못해 며칠을 울었다.

    송시를 낭송했던 때는 '떠나보낸다'라는 말의 의미가 그리 깊게 와닿지 않았다. 하지만 시간이 흐르며 누군가를 다양한 모양으로 떠나보내는 일은 생각보다 훨씬 더 깊고 묵직한 감정으로 다가왔다. 호주에 살면서 많은 이들의 뒷모습을 배웅해야 했다. 이별은 언제나 짧았다. 함께한 시간은 순식간에 과거가 되었고 내가 그토록 소중히 쌓아 올렸다고 믿었던 기억들도 서서히 흐릿해져갔다. 어떤 이유에서든 떠나는 이와 보내는 이가 느끼는 감정의 무게는 다르지 않을 거로 생각하지만, 보내는 것을 더 많이 경험한 나로서는 그것이 더 아픈 일이라 생각한다. 살아온 세월만큼 이별에도 익숙해졌을 법한데 나는 아직도, 여전히 그 상황을 견디는 것이 쉽지 않다. 무엇보다 가족을 멀리 떠나보내는 일은 상상 그 이상의 아픔과 슬픔이라는 것을, 그리고 다시는 돌이킬 수 없는 시간이라는 것을. 그래서 나는 그 후로 송시를 쓸 수가 없다.

조지 스트리트 75번지

늦겨울 바람이 거칠게 부는 아침이다. 나는 그 바람을 맞으며 나지막한 언덕 위에서 빨간색 버스를 기다리고 있다. 얼마 안 있어 모퉁이 살짝 구부러진 길을 돌아 버스가 들어온다. 서둘러 버스에 오른다. 나이 지긋한 기사 아저씨가 환한 미소를 지으며 "굿모닝!"하고 인사를 한다. 오팔 카드(시드니 교통 카드)를 대고 뒤를 돌아본다. 그 남자가 그 자리에 있다. 오늘도 카키색 점퍼를 입고 있다.

자동차로 다니다 처음으로 버스를 타고 가던 이 길은 불안과 마주하는 시간이었다. 내릴 정류장을 놓칠까 봐 휴대전화 지도에서 눈을 떼지 못했다. 버스 안은 낯설었고 차창 밖 풍경 역시 낯설어 불안은 커져만 갔다. 손을 흔들어야 선다는 걸 몰랐던 나는 여러 번 버스를 눈앞에서 놓치곤 했다. 그럴 땐 정말 황당했다. 서너 달이 지나서야 다음 차를 기다리는 동안 하늘을 올려다볼 수 있었다. 길가에서 새 계절을 맞고 보내는 나무들을 감상할 여유도 생겼다.

　오늘따라 몇 분 늦게 도착한 버스는 나를 태우자마자 급하게 달린다. 승객은 열 명 남짓. 어느 나라 사람인지 짐작하기 어려운 얼굴들 틈에서 유독 그 남자가 눈에 띈다. 오른쪽 창가에 앉아 있는 그는 확인할 수는 없지만 중국 사람처럼 보인다. 어깨 아래로 길게 늘어진 머리카락을 낡은 머리끈으로 질끈 묶었다. 까만 뿔테 안경을 써서 그런지 처음엔 지적으로 보였는데 자꾸 보니 그건 그냥 첫인상이었던 것 같다. 귀에는 늘 이어폰이 꽂혀 있고 시선은 창밖을 향해 있다. 버스를 처음 탔던 날부터 내 눈길은 자꾸만 그에게 가 닿았다. 첫눈에 반할 만큼 잘생긴 것도 아니고, 키가 크거나 눈에 띄는 외모도 아니었지만 이상하게 그를 보면 마음이 편안해졌다. 어쩌다 그가 보이지 않는 날이면 괜스레 불안했다. 이 무슨 조화인지.

　덜컹거리는 버스가 두 정류장을 더 가는 사이 몇 사람이 내리고 몇 사람이 올라탔다. 버스 옆 차선은 자동차들이 숨 가쁘게 달린다. 목적지를 향해 가는 이들의 분주함이 내 마음마저 쥐고 흔든다. 시야를 창밖 아주 먼 곳으로 돌린다.
　어느새 그 남자가 내릴 곳이다. 남자는 내가 내릴 곳 네 정류장 전에서 내린다. 눈이 남자 뒤를 따라가고 있는데, 버스는 이미 다음 정류장을 향해 달리고 있다. 큰길 옆 작은 성당을 지나고 공원으로 이어진 길에 강아지들과 산책하는 사람들이 보인다. 아침마다 그들을 보는 것만으로도 기분이 좋아진다. 모퉁이를 돌고 작은 다리를 건너면 저 멀리 빌딩들이 시야에 들어온다. 그때부터 커피 향이 은은하게 퍼져오는 듯하다. 눈은 바빠지고 상상 속 커피 향이 코끝을 간질이는 것 같다. 버스는 오늘도 사거리 신호등 앞에 선다. 잠시지만 나는 이 멈춤의 시간이 좋다. 중요한 일이 시작되기 전 잠시 숨을 고르는 듯한 긴장감이 있어서다.

조지 스트리트 75번지. 큼직한 글자가 눈에 확 들어온다. 간판을 보는 순간 이상하게도 마음이 놓인다. 사거리에서 바라본 그 건물은 주변의 다른 건물들과는 사뭇 다르다. 앞에서 보면 6층인데 옆이나 뒤에서 보면 다르게 보인다. 보는 위치에 따라 다르게 보이는 이 건물은 몇 각형인지는 아직 정확히 모른다. 다만, 버스를 타고 오가며 유심히 관찰한 그 건물은 특이하다. 각 층의 사무실 이름은 한 면에 모두 같은 글씨체로 적혀 있어 깔끔하다. 지금 6층은 '임대 중'이라는 문구가 붙어 있다. 건물 1층에는 카페가 자리하고 있는데, 몇 달 동안 나는 그 카페 이름이 '조지 스트리트 75'인 줄로 알았다. 호주에서는 실제 주소를 카페 이름으로 쓰는 일이 흔하기 때문이다.

어느 날, 버스가 빨간 신호에 걸려 멈춰 섰다. 무심코 창밖을 바라보다가 카페 안을 향해 길게 늘어선 사람들 너머로 처마 밑 작은 간판이 눈에 띄었다. 'espresso cafe'라는 글씨와 함께 김이 나는 커피잔 그림이 그려져 있었다. 순간, 어이없을 정도로 단순한 이름에 나도 모르게 피식 웃음이 났다. 건물이 워낙 인상적이어서 그에 어울리는 상징적인 이름을 기대했는지도 모르겠다. 그렇다고 해도 75번지 표지판이 보이면 거의 다 왔다는 안도감에 마음이 차분해진다. 작은 카페 안은 아침 햇살이 퍼져 온기가 느껴지고 먼 여정 끝에 닿은 쉼터처럼 아늑해 보인다. 내게 조지 스트리트 75번지는 목적지가 다가왔다는 표시이고 여전히 정겹고도 소중한 안식처 이름이다. 마치 인생의 길을 걸어가다 끝없이 이어진 거리와 골목 속에서 작은 표지판이 나를 맞이해 준다고 느낄 때처럼 말이다.

나는 익숙함 속에서 안정을 느끼는 사람이다. 그런데도 내 삶은 늘 새로운 곳을 찾아 떠나는 여정이었다. 새로운 선택을 하고, 예기치 못한 상황과 마주치며, 불확실한 길을 걸어야 할 때도 많았다. 그 과정에서 불안과 두려움을 느끼기도 했지만 시간이 지난 뒤에는 그런 감정들마저도 모두 흘러간다는 것을 알게 되었다. 그리고 결국에는 그 모든 경험의 조각들 사이에서 진정한 평안과 쉼을 얻을 수 있다는 것도. 그래서 나에게 '조지 스트리트 75번지' 같은 공간이 있다는 건, 삶이 내게 준 선물처럼 느껴진다.

오늘도 나는 빨간색 버스에 올라 그 남자 뒤에 앉아, 조지 스트리트 75번지를 떠올리며 커피 향을 마시러 간다.

돈 콜 미 베이비

시드니에서 부르는 靑山別曲

유금란

강화에서 출생, 인천에서 성장했다. 미술을 하고 싶었으나 부모님 반대로 국문학을 선택했다. 졸업 후, 조그마한 잡지사에서 기자 생활을 하다가 결혼하면서 글쓰기와 결별했다. 2000년 1월, 남편 직장을 따라 시드니로 이주했다. 이즈음 모국어에 대한 집착 증상이 나타났고, 문학 언저리를 다시 어슬렁거렸다. 2009년, 2014년 두 차례 재외동포문학상에 입상하면서 수필을 본격적으로 쓰기 시작했다. 몇 년 뒤 『시드니에 바람을 걸다』와 5인 공저 『바다 건너 당신』을 출간했다. 2021년 동주해외신인상을 받으며 시인이 되었고, 2025년 시산맥시문학상을 받았다. DSA(Disability Services Australia)에서 12년째 장애인들과 함께 일하고 있다. 문학동인 캥거루와 수필U시간 동인으로 활동 중이다. 『문학과 시드니』 주간, 계간 『웹진시산맥』 편집위원을 맡고 있다.

돈 콜 미 베이비

회사 옆 카페에서 모닝커피를 주문하는데 나를 쳐다보는 바리스타의 눈빛이 남다르다. 뭐지? 이 묘한 뉘앙스는. 하루를 여는 데 건장한 남자 바리스타의 미소가 커피만큼이나 좋은 에너지를 주는 건 사실이다. 하지만 이민 20년 차쯤 되면 중동계나 남미계로 보이는 남자들의 호들갑스러운 친절이 그들 문화라는 것을 잘 안다. (그렇다고 내가 그들의 친절에 심쿵한 적이 한 번도 없었다고는 장담하지 않겠다.) 그럼에도 내 커피 취향을 두 번 만에 외운다거나 눈빛에 다정함이 뚝뚝 넘쳐흐르면 어쩔 수 없이 기분이 말랑해진다. 물론, 검정 반 팔 티셔츠 아래로 보이는 물결치는 근육이나 스윗한 동굴 보이스가 필수 요건이긴 하다. 어쨌든 이 모든 조건을 갖춘 남자가 지금 내 앞에서 색다른 빛깔의 미소를 날리고 있다. 우리는 오늘이 겨우 세 번째 대면인데 말이다.

아니나 다를까 롱블랙이 담긴 컵 뚜껑에 은박지로 싼 초콜릿을 얹어주며 오늘 자기 마음이란다. 이럴 때 나이 든 여자가 속마음을 솔직하게 다 말할 수는 없다. '은밀한 웃음'이라는 지문으로 대

치할 수밖에. 기분이 환해진 나는 힘차게 회사로 향한다. 역시나 회사는 입구부터 소란스럽다.

장애인 사우들은 인사에 정말 진심이다. 인사를 제대로 하지 않는다고 봉변에 가까운 컴플레인을 받은 적이 있는 나는 자동문이 열리는 순간 녹음테이프처럼 톤을 높인다. 그런데 기류가 이상하다. 나를 향해 인사하던 스컷, 앤드루, 모세는 물론이거니와 종일 화가 나 있는 마크까지 표정이 이상야릇하다. 우리가 아주 가까운 사람이라도 되는 양 눈빛에 장난기와 다정함이 가득하다.

덩치 큰 남자 장애인들을 통솔하려면 친절과 봉사 정신만으로는 되지 않는다. 이들과 잘 지내기 위해서는 남다른 카리스마와 순발력으로 적당히 간격을 유지하는 요령이 필요하다. 이런 면에서 나는 꽤 유능한 리더라 자부한다. 그런데 지금 이들이 나를 바라보는 시선의 강도는 기준치를 넘고 있다. 급기야 다운증후군을 앓고 있는 티머시가 손가락으로 내 가슴을 포인트 하며 큰소리로 웃는다.

"굿 모닝! 베이비!"

베이비라니? 이게 뭔 소리! 얼굴이 빨개지며 수줍어하는 티머시를 보는 순간 머릿속이 하얘진다. 이거였구나. 이것 때문이었구나. 며칠 전 한국 옷 가게에서 산 티셔츠에 수놓아진 글자였다. 오늘 나를 향해 흐르던 이 묘한 기류의 출처가 바로 이 글자에 있던 거다. 가슴 한가운데 큼지막하게 붙어 있는 'Call me baby'.

기하학적으로 수놓아져 전혀 눈치채지 못했다. 디자인이 고급

스럽고 몸에 잘 맞는 바람에 살펴볼 생각조차 안 했다. 아무리 그래도 이건 재앙이다. 하필 붙어 있는 위치까지 어찌 이리 절묘하단 말인가.

어린애 같은 장애인 사우들에게 제대로 먹잇감을 푼 것이다. 그렇지 않아도 일에 사용하는 스티커를 서로의 등에 붙여 놓고는 깔깔거리며 즐거워하는 친구들이다. 'pick me' 'send back the dirty cutlery' '50% off' 'Incomplete' 등등. 주로 화장품이나 항공사에 보내는 물품에 붙이는 스티커들인데 사람에게 붙이면 꽤 재미있는 장면이 연출된다. 아무리 그래도 Call me baby(자기라고 불러주세요.)만큼 은근하면서도 노골적으로 유혹하는 문구는 없을 것 같다. 각자의 경험치에 따라 각기 다른 색깔을 지니겠지만 말이다.

베이비 뒤로 여자, 자기, 사랑 등등의 단어가 자막처럼 지나간다. 여기에 '당신의'라는 소유격이 자동으로 따라붙을 것이니 직역한다고 해도 피해 갈 구멍이 없다. 한껏 양보해서 귀엽게 봐달라는 호소라 치자. 아무리 그래도 나는 '내 나이가 어때서'를 외치기엔 누가 보아도 용서가 안 되는 나이다. 이쯤 되니 '베이비'라는 단어가 괴물처럼 보인다.

문자에서 뜻을 빼면 문양이 남는다. 글자는 하나의 디자인이 된다. 전설적인 팝스타 브리트니 스피어스가 '신흥호남향우회'란 글자가 들어 있는 원피스를 입어 화제가 된 적이 있다. 아무리 디자인이라 해도 웃지 않을 한국 사람은 없을 것이다.

그나저나 거금 들여 산 티셔츠를 그대로 버리자니 아깝다. 수선집에 가져가서 not 자를 슬쩍 끼워 볼까 싶다. Call me not baby? 아! 문법도 맞지 않고 어쩐지 더 노골적인 느낌이다. 속마음을 감출 때 강한 부정은 강한 긍정의 심리가 작용한다고 했다. 오죽했으면 연애의 정석에 '안 돼요 돼요 돼요……'라는 우스갯소리가 있겠는가. 그냥 포기하자.

솔직히 말해 뭇 남성들의 은밀한 시선이 나쁘지 않았다. '이 나이에' 하며 결과론적으로 얼굴을 붉혔지만, 청춘의 호르몬이 생긴 건 사실이다. 주책은 주님이 주신 책이라 했던가. 잠시였지만 짜릿했다. 오늘 혹시 당신이 센트럴 역 근처를 지나다가 누군가의 은밀한 미소를 보게 되거들랑 다 내 가슴에서 나온 사랑의 구애라 여기시라. 내가 좋아하는 심보선 시인의 시 한 구절이 절절히 와 박힌다. 이런 날이 내게도 왔나 보다.

늙어가는 모든 존재는 비가 샌다/비가 새는 모든 늙은 존재들이/새 지붕을 얹듯 사랑을 꿈꾼다/누구나 잘 안다 이렇게 된 것은/이렇게 될 수밖에 없었던 것이다

그러니까 내가 이렇게 된 것은 이렇게 될 수밖에 없었던 거다.

시드니에서 부르는 靑山別曲

푸른 안개

시드니에는 푸른빛을 내는 산이 있다. 말 그대로 블루마운틴이다. '푸르다'라는 말만큼 스펙트럼이 넓은 말이 또 있을까. 산이건 바다건 하늘이건 삼라만상을 다 아우르는 '푸른'의 정체성이 못내 아쉬웠는데 시드니에 와서 진짜 푸른 산을 만난 것이다. 그래서 우리는 이 산을 '靑山'이라 부른다.

밤이 걷히고 태양이 산을 말리기 시작하면 청산의 푸른빛은 절정에 다다른다. 유칼립투스가 뿜어내는 알코올 섞인 유액 성분이 햇빛과 공기를 만나면서 독특한 색을 만들기 때문이다. 오래전 호주 원주민들은 이를 두고 '푸른 안개'라고 표현했다. 짙게 깔린 새벽안개를 밀어내면서 서서히 퍼지는 푸른 안개를 상상해 보라. 산의 심장에서 빠져나와 온누리에 퍼지고 있는 푸른 숨결을 보고 있으면 '색은 인간의 영혼에 직접 영향을 미치는 수단'이라고 했던 칸딘스키의 말이 실감 날 것이다. 안개가 걷히며 서서히 드러나는 산의 실루엣은 감추어 두었던 조물주의 보물인 듯 신묘하기

그지없다.

　블루마운틴은 2000년에 유네스코가 지정한 세계문화유산에 등재되면서 제대로 가치를 인정받았다. 이 보물은 워낙 방대해서 지금 어느 한 곳이 훼손되고 있다고 해도 우리는 쉽게 알아차리지 못한다. 보고 싶은 것만 보고, 믿고 싶은 것만 믿으려 하는 나 같은 부류의 사람에겐 더더욱 그렇다. 몇 해 전 80만 헥타르를 태운 산불의 후유증은 상상할 수 없을 정도로 컸다. 청산은 이제 감탄의 대상이 아니라 보호해야 할 대상으로 바뀌었다. 소중한 것을 사랑하는 마음에 앞서, 소중한 것을 잃지 않는 방법을 먼저 배우라는 청산의 당부인지 모른다.

푸른 비밀

　모국어에 대한 집착이 심했던 나는 호주 온 지 얼마 되지 않아 아이들을 토요 한글학교에 데리고 다녔다. 쉽지 않은 일이었다. 주말 스포츠나 경치 좋은 바닷가에서 하는 바비큐 파티를 반납해야 했다. 가까이에 교민 자녀를 대상으로 하는 한글학교가 있었지만 조금 더 전문적인 곳을 찾다 보니 먼 거리를 오가게 되었다. 주재원 자녀들이 주로 다니는 학교였다. 학제도 한국학교와 똑같았다. 큰애는 3학년이었고, 작은애는 막 입학한 때였다.

　아이들을 학교에 내려놓고 나는 긴 시간을 때우 듯 보냈다. 주로 차에서 책을 읽거나 쇼핑센터를 찾았다. 가끔 학교에서 손이 필요하면 보조 교사 노릇을 했는데 공과 자료를 만들거나 시험지를 채점하는 일이었다. 그날도 채점을 도와 달라는 요청으로 1교시에 친 시험지를 보고 있었다.

한자어 운을 그대로 한글로 풀어 쓰는 문제였다. 나는 채점하다 말고 웃음이 터졌다. 나를 웃게 만든 건 '靑山: 블루마운틴'이라고 쓴 답이었다. 정답은 '청산'이었다. 한글로 '블루마운틴'이라고 썼으니 나름 선전한 것이다. 비록 운은 틀렸지만, 뜻은 정확히 알고 있는 이 학생의 답답함과 간절함이 읽히자 웃음을 마냥 이어 갈 수가 없었다. 안타까웠다. 담당 선생님도 오답이라고 분명히 말했지만 내내 신경이 쓰였다. 붙박이 교민 자녀인데 엉뚱하고 재미있고 착한 아이라는 배경 설명만 듣지 않았어도 그냥 넘어갔을 것이다.

역사가 개인을 다 말할 수 없어 문학이란 장르가 태어났다고 했다. 한 개인의 삶을 문학적으로 생각하기로 했다. 마지막 채점을 끝내고 나는 다시 '블루마운틴'이란 답으로 돌아갔다. 그러고는 내 마음대로 정답으로 둔갑시켰다.

이십 년 전쯤의 일이다. 지금 이 사건을 두고 문제 삼을 사람은 없을 것이다. 만약에 있다고 해도 증거가 남아 있을 리 만무하니 기억의 오류라고 발뺌하면 된다. 다만, 원칙주의자인 내가 원칙을 깨버린 지점에 '청산'과 '블루마운틴'이 함께 있었다는 말이 하고 싶어 꺼내 온 말거리이다. 이렇게 청산을 호명할 때마다 따라 올라오는 작은 비밀 하나가 「시드니에서 부르는 청산별곡」의 서곡이 되었다. 긴 시간을 거쳐 뜻밖의 형식으로 도착하는 한 편의 시처럼 말이다.

푸른 맥박

아이들이 토요일까지 공부를 하는 동안 나는 일주일에 두 번 이민자 영어 학교에 다녔다. 교실에 들어설 때마다 샐러드 볼이 생각났다. 다른 억양, 다른 피부, 다른 냄새가 뒤섞여 영어라는 소스에 버무려지고 있었다. 영어라는 소스는 정말 내 입맛에 맞지 않았다. 그런데 나는 먹는 사람이 아니라 버무려져야 하는 재료일 뿐, 문득문득 아득해지곤 했다. 그래도 스튜나 죽보다는 낫다고 위로했다. 샐러드는 그나마 자신의 근본은 잃지 않으면서 타자와 뒤섞일 수 있는 음식이 아닌가. 게다가 호주는 다문화를 인정하는 나라이다. '호주 정신' 같은 것을 심하게 강요하지 않았다. 각자 자신의 영역을 지키다가 조금씩 섞이면서 흐려지면 되었다.

재미있는 통계가 있다. 이민 새내기 미국 교민들에게 한국으로 돌아가고 싶지 않냐는 설문조사를 했다. '예'라고 대답한 사람과 '아니'라고 대답한 사람이 거의 반반이었다고 한다. 그 대답의 기준은 간단했다. 영어를 잘하면 머물고 싶고, 아니면 돌아가고 싶어 했다는 것이다.

나는 이 교실에서 늘 돌아가고 싶었다. 뇌는 1,000리터 용량인데 입은 10리터 용량이었다. 극도의 예민함과 자포자기의 마음이 한꺼번에 밀려오곤 했다. 영어 선생은 눈만 마주치면 질문을 해댔다. '어버버 ~ 암 ~' 답이 징검다리처럼 끊어져도, 앞뒤가 맞지 않아도, 문장이 끝을 맺지 못해도 웃으면서 기다려 주었다. 그때 그 웃음이 나는 왜 그리 건조하게 느껴졌던 것일까. 그렇게 소스가 제대로 스미지 못하고 재료가 여전히 겉도는 와중에, 호주에 대해 아는 것을 생각나는 대로 말해 보라는 질문을 받았다. 머릿속에 있던 답은 말풍선 속에서 한국어로만 와글거리고, 내게서 나오는 입말은 영어 단어 네댓 개가 전부였다.

"Kangaroo, Southern Cross, Aborigine, and Great Dividing Range……." 답을 듣고 있던 선생의 눈이 동그래지면서 되물었다. "그레이트디바이딩산맥을 어떻게 알고 있니?" 그러게, 실은 나도 놀랐다. 학교 다닐 때 앵무새처럼 외우다가 입력된 이름이 자동으로 튀어나온 것인데 말이 짧아 무식해 보이는 동양 여자 입에서 나온 단어치고는 좀 의외였던 모양이다. 이후로 나는 호주인들과 말을 틀 때 이 산맥 이름을 자주 등장시켰다. 작은 투자로 큰 효과를 낼 수 있는 질 좋은 자료였다. 이렇듯 길게 이 사연을 늘어놓은 이유는 블루마운틴이 그레이트디바이딩산맥의 한 자락이란 말을 하고 싶어서이다.

그레이트디바이딩산맥은 호주의 동해안을 따라 퀸즐랜드주의 북쪽 끝에서 시작해서 빅토리아 주까지 남북으로 길게 뻗은 산맥을 말한다. 길이 3,500km이며, 폭은 160km에서 300km가량이라니 육상의 산맥으로는 세계에서 세 번째로 긴 산맥이라는 기록이 실감 난다. 이 중 시드니 근교에 자리한 블루마운틴은 산맥의 심장이라 해도 과언이 아닐 정도로 광대하다. 힘줄처럼 뻗은 산자락은 절정을 향해 뛰는 청년의 맥박처럼 푸르디푸르다.

시드니 중심가에서 44번 도로를 타고 1시간 30분쯤 달리면 청산 초입에 닿는다. 여기서부터 내륙으로 넘어가는 산길이 길게 이어진다. 산등선을 타고 1시간 이상 달리는 자동차를 본 적이 있는가. 푸른 하늘과 초록 바다를 가르며 헤엄쳐 가고 있는 한 마리 고래를 상상하면 된다. 이 고래는 크고 작은 산간 마을을 거쳐 달리다가 카툼바Katoomba라는 표지를 만나면 바로 멈추어 숨을 뿜어낸다.

푸른 추억

나는 청산의 산간 마을들을 좋아한다. 카툼바는 겨울이 제일 먼저 도착하는 곳이기에 남다르게 마음이 간다. 오래된 펍이 있고, 허물 벗는 나무가 있고, 마을을 일구어낸 개척자들의 흔적이 있고, 7월의 크리스마스가 있다.

12월은 산타할아버지도 수영복을 입고 다닐 정도로 더운 호주에서 눈 덮인 크리스마스를 지내는 것은 원천적으로 불가능하다. 호주로 끌려온 아일랜드계 죄수들은 고향의 눈 덮인 풍경을 그리워했다. 특히 화이트 크리스마스의 추억은 그들의 노스탤지어를 강하게 자극했다. 그들은 블루마운틴에 가끔 내리는 눈을 찾아 7월의 크리스마스 파티를 생각해 냈다. 그리하여 7월의 크리스마스 파티가 청산 카툼바에서 열리게 된 것이다.

나는 카툼바에서 여러 번 7월의 크리스마스 파티를 했다. 한국에서 온 J 선생 부부와 카툼바 주민인 K 그리고 지금은 웬트워스 폴스Wentworth Falls 주민이 된 P와 함께했던 파티는 잊지 못할 추억으로 남아 있다. J 선생 부부는 이날의 추억을 당신의 저서에 상세히 기록으로 남겼다. 그동안 갇혀 있던 영혼이 열렸다는 문장도 함께였다. 청산의 80%를 차지하는 유칼립투스의 꽃말이 '추억'인 것은 우연이 아니다. 겨울 청산은 영원히 멈추지 않는 추억 같다. 그저 흘러가는 마음들을 모아 푸르게 간직하는 곳. 그곳이 바로 청산이다.

 청산 나무의 대부분은 가을이 되어도 초록 잎을 떨구는 법이 없다. 그래서인가 켜켜이 먼지가 쌓인 것처럼 탁해 보일 때가 있다. 오해가 쌓여 어찌할 바를 모르는 마음처럼 답답할 때가 있다. 김이듬 시인은 「십일월」이란 시에서 나무는 낙엽의 형식으로 자신으로부터 가장 멀리 갈 수 있다고 했다. 나는 질문한다. 그러면 사시사철 푸르기만 한 나무는 어떻게 자신으로부터 멀리 갈 수 있는가. 그건 허물이다. 청산의 나무는 낙엽 대신 허물을 벗는다. 허물은 누군가의 땔감이나 누군가의 꽃꽂이 소재를 위해 거처를 옮겨간다. 때론 땅으로 스미고 쪼개지면서 자신의 뿌리를 지킨다. 자신의 허물로 자신의 허물을 덮는 것, 마음을 바꾸지 못해 몸을 바꾸는 사랑처럼 시리도록 푸른 고백이다.

푸른 노래

 카툼바를 뒤로하고 20여 분쯤 더 달리면 고풍스러운 마을 블랙

히스Blackheath에 닿는다. 이곳에서 옆길로 빠져 분지를 향해 내려가다 보면 메갈롱 벨리 숲이 현현한다. 이 숲에서 나는 청산이 연주하는 별곡을 마무리한다.

계곡물 소리가 첼로 음처럼 장중하게 들리고, 물 건너에서 쿠쿠바라 울음소리가 솔로 파트로 들려온다. 머리 위로 작은 새들의 재잘거림이 배경음으로 깔린다. 바람이 풀벌레를 흔들어 음계를 옮기면 숲은 소리의 풍경을 바꾼다. 나뭇잎을 타고 물소리가 밀려온다. 언젠가 동해 바닷가에서 한밤중에 듣던 바로 그 소리이다. 나는 종종 청산 숲속에 와서 파도 소리를 듣는다. 이것은 바다 건너에서 나와 같은 모습으로 살고 있을 당신의 안부이다. 같은 마음을 거머쥔, 오래된 그리움 같은 것이다.

한 줄기 햇살을 고스란히 받아내고 있는 공터가 보인다. 사람의 온기라고는 없는 곳에 빈 의자가 놓여 있다. 반갑다. 나는 늘 사람을 피해 숲을 찾지만, 정작 내 오감을 깨우는 건 사람의 흔적일 때가 많다. 혼자서 옷깃은 여밀 수 있으나 혼자서 등을 껴안지는 못하는 이치를 생각한다.

겉으로 보이는 화음만이 정도(正度)라 여기며 달려온 내 삶의 단조로운 곡들을 바라본다. 화성의 종류가 여러 갈래인 것을 알지 못하고 삶을 연주하던 아둔한 지휘자는 청산 숲에 와서야 비로소 귀와 입을 연다. 어디에 있든 우리는 각자의 언어로 각자의 인생을 노래한다. 몸은 비록 시드니에 있어도 기필코 자기 방식의 모국어로 청산을 노래하듯이.

책 읽어주는 여자, 정혜

하루만 우리 둘만의 감옥에 갇혀 있어요

부활을 앞둔 얼치기 작가의 모의 장례 축제

박성기

'책에 미친 사람.' 20대부터 얻은 별명이다. 사회생활을 교계 기자로 시작했다. 여행가 김찬삼을 존경해 일찌감치 세계 일주를 즐겼다. 1993년 월간중앙 논픽션에서 「라이 따이한의 눈물」로 우수상을 받았다. 1995년 뉴질랜드에 이민했다. 그곳에서 에듀북숍과 한솔문화원을 세웠다. 교민 신문 편집장도 맡았다. 2013년 재외동포문학상 수필 부문 대상을 차지했다. 코비드 19 기간 중 뉴질랜드의 위대한 올레길 열 곳(NZ Great Walks 10)을 걸었다. 2022년 시드니로 건너와 살고 있다. 『공씨책방을 추억함』 등 세 권의 책을 펴냈다. 남은 삶을 (계속해서) '읽고, 쓰고, 걷고' 그러며 살려고 한다. 문학동인 캥거루 동인으로 활동하면서 글 쓰는 기쁨을 누리고 있다.

책 읽어주는 여자, 정혜

　가을이 깊어져 간다. 낙엽 밟는 소리가 참 듣기 좋다. 바시식 바시식……. 한참을 그 자리에 머문다. 하늘 한 번 쳐다보고 나뭇잎 한 번 들여다보고. 그러다 보면 내 마음속 소리도 들린다. '좀 쉬다 가라'고 소곤거린다. 아무 데나 턱 걸터앉는다. 그 어디든 내게는 천국이다.
　가을을 타는 것일까. 길을 가다가도 단풍이나 낙엽이 보이면 차를 멈추게 된다. 내장산 단풍만큼 꼭 멋져야만 하는 것은 아니다. 높이 솟아 있는 나무 한 그루, 담벼락에 붙어 있는 나뭇잎 몇 장에도 숨이 가빠진다.
　며칠 전, 출근하는 길이었다. 차를 멀찍이 세우고 운동도 할 겸 책방까지 걸어갔다. 10분 정도의 거리였다. 길거리 단풍이 발레를 하고 있었다. 둥근 치마를 곱게 차려입은 처녀들이 내 눈앞에서 춤을 췄다. 자연스럽게 내 발걸음도 허공을 찼다.
　그 여자네 집, 어쩌면 그 남자네 집일 수도 있는 어떤 집이었다. 갈색 담장에 단풍이 새색시 볼처럼 홍조를 띠고 있었다. 애처

롭게 버티고 있는 나뭇잎이 열일곱 장쯤 되어 보였다. 나는 오랫동안 그 자리에 서 있었다. 어쩌면 사나흘 뒤 아니 다음날이 되면 없어질지도 모른다는 불안감이 들었다. 남몰래 한 장을 떼어내 시집에라도 간직하고 싶었다.

  신이 빚어낸 빛깔은 어찌도 그렇게 아름다울까. 사람이 아무리 인공적으로 멋진 색을 만들어낸다고 하더라도 해 아래 더 멋진 것은 없다는 게 내 생각이다. 그것은 숲속에서, 아니 가을의 길가 어디에서라도 오 분만 있어 보면 안다. 가을의 빛깔, 단풍의 빛깔은 사람 너머의 것임이 분명하다.

  아주 오래전, 내 옆에는 책 읽어주는 여자가 있었다. 그의 이름은 정혜였다. '책 읽어주는 여자, 정혜' 이 제목으로 한 번쯤은 글을 쓰고 싶었다. 정혜는 어쩌면 그 누군가의 소설 속 여주인공의 이름일 수도 있고, 또 어쩌면 내 마음속에서 꿈꾸는 여자 친구 이름일 수도 있다. 정자도 아니고 정애도 아닌 정혜, 듣기만 해도 마음이 설레지 않는가.

  내 옆에는 늘 책이 있었고, 정혜 안에는 늘 책 읽어주고 싶은 마음이 있었다. 복사꽃 흐드러지게 피는 어느 봄날이었다. 우리는 공원 벤치에 앉았다. 내가 누워도 될 만한 충분한 공간이었기에 그의 무릎을 베고 누웠다.

  "책 읽어줄까?"

  "응."

"어디부터 읽어줄까?"
"아무 데나."

어쩌면 그 분위기에 어울리지 않는 혁명 전사 김남주의 시집일지도, '황구라'라 불리는 입담 좋은 황석영의 장편 소설일지도 모른다. 매판자본가를 향한 준엄한 꾸짖음이든, 그곳에도 뿔 달린 귀신이 아닌 우리네 성정과 같은 사람이 산다는 진실의 외침이든, 그가 읽어주는 한 단어 한 단어가 또렷이 내 귀에 들려왔다.

복사꽃이 그 여자 손등 위로 두세 장, 내 볼 위로 서너 장 그리고 벤치 앞에 수십 장이 쌓일 무렵, 나는 스르르 잠이 들었다. 꿈인 듯 꿈 아닌 듯한 시간 속에서 정혜의 길고 긴 손가락이 내 머리칼 사이를 왔다 갔다 했다. 봄 햇살이 복사꽃 향기에 섞여 윤이 났다.

얼마나 잤을까. 코를 간질이는 봄바람에 잠을 깼다. 살며시 눈을 떴다. 정혜가 책을 읽고 있었다. 올려다본 정혜의 모습, 사람이 아닌 듯했다.

정혜는 책을 읽어주는 여자였다. 얼굴이 예쁜 여자도, 섹시한 여자도 아니었다. 내 옆에서 책 읽어주는 여자. 나는 그때 어쩌면 사랑은 '책 읽어주는 소리'에 있지 않을까, 생각했다. 제일 듣기 좋은 목소리를 가진 여자라면 바랄 것이 없었다.

파도 소리를 벗하여 바닷가에서 책 읽어주는 여자의 소리를 들어본 적이 있는가. 나뭇잎 바스락거리는 소리를 벗하여 숲속에서 책 읽어주는 여자의 소리를 들어본 적이 있는가. 침묵을 벗하여 아무도 없는 밀폐된 공간에서 책 읽어주는 여자의 소리를 들어본 적이 있는가. 그 책 읽어주던 여자가 정혜였다.

한 사람을 크게 성장시키려면 엄청난 문화 충격을 경험하게 하라는 말이 있다. 유명한 공연을 보게 하거나, 대 화가의 걸작품을 감상하게 하거나, 불후의 명곡을 듣게 해주라는 뜻이다. 어린 시절 그 어느 한때, 그 감동을 경험하게 되면 예술적 삶의 기운이 한평생 흐르게 된다고 한다. 온 맘으로 동의하는 말이다.

내게는 정혜의 책 읽어주는 소리가 그랬다. 어느 예술가에 못지않은 깊은 울림이었다. 사람이 만들어 낼 수 있는 소리 가운데 가장 사랑스럽고 가장 섹시한 소리였다. 책이 한 장 한 장 넘어갈 때 서걱거리는, 한 문장 한 문장 읽을 때 심장이 뛰는, 그리고 내 맘이 들킬 듯 말 듯 하는 긴장의 소리까지. 태초에 말씀이 있었다면 우리 둘 사이에는 그렇게 소리가 있었다.

봄에 만난 정혜는 가을 나뭇잎 따라 떠났다. 숱한 우여곡절이 있었고 또 희비가 엇갈렸지만 그와 나 사이 절대 잊히지 않을 게 있다면, 그것은 바로 '책 읽는 소리'일 게 분명하다. 보르헤스는 "천국은 도서관 같은 곳일 것"이라고 했다. 그 말을 빌리면 "천사는 어쩌면 책 읽어주는 여자, 정혜의 목소리 같은 것"이 아닐까.

천사를 이 땅에서 만날 수 없듯이, 정혜를 이생에서 다시 만날 일은 없다. 그러나 천사의 음성은 기대할 수 있듯이, 정혜의 책 읽어주던 소리는 기억하면서 살고 싶다. 가을이 깊어진다. 아무래도 내일은 단풍잎 하나 꺾어 시집 사이에 꽂아 놓아야 할 것 같다.

하루만 우리 둘만의 감옥에 갇혀 있어요

코카투섬Cockatoo Island에 다녀왔습니다. 시드니 시내 부두에서 배로 30분 정도 걸렸습니다. 함께 한 글동무들은 저까지 모두 아홉 사람이었습니다. 다들 예순 안팎의 나이 든 '문청'들이었지요.

그대가 이 섬에 가 본 적이 있는지 모르지만, 이곳은 시드니 초창기 때 영국에서 온 죄수들을 가둬 놓은 곳입니다. 많은 죄수가 이곳에서 중노동에 시달리며 형극의 세월을 보냈다고 합니다. 이 불행한 역사의 공간이 유네스코 문화유산으로 등록되어 있습니다. 유폐 현장이 문화가 될 수 있는지 잘 모르지만, 시드니를 찾은 관광객들이라면 대부분 한 번은 들른다고 하네요. 짐작하시다시피 저 같은 사람이 딱 좋아할 곳입니다. 아이 엠 어 히스토리메이커. 언젠가는 제대로 된 글을 한 편 쓰려고요.

선착장에 내려 잠시 둘러본 뒤 역사 현장으로 올라갔습니다. 감방과 일터, 독방과 식당 등을 보았습니다. 한 공간은 그 당시에 상황을 볼 수 있는 자료 전시회가 상시 열리고 있었습니다. 죄는 미워하되 사람은 미워하지 말라고 했지만, 꽃다운 청춘들이 섬에 갇혀 있었던 그 당시를 상상하니 만감이 오갔습니다. 죄수의 피눈물로 세워진 나라, 호주. 오늘의 찬란한 빛은 그들의 어둠으로 만들어진 것입니다.

한 시간 정도 현장을 둘러봤습니다. 바닷가에는 텐트들이 참 많더군요. 함께 간 글동무에게 물었습니다. 이 용도가 무엇이냐고요. 글동무 왈.

"이 텐트는 여행객을 위한 숙소예요. 하루 이틀 여유 있게 쉬고 싶은 사람들을 위한 곳이요. 밤하늘의 별을 보고, 시드니 시내 야경도 한눈에 즐길 수 있어요. 텐트에는 두 사람까지 들어갈 수 있어요."

이 글동무가 한 말 중 어느 대목에서 가장 기분이 좋았을까요? 그래요. 바로 '두 사람까지'입니다. 그대와 나, 이렇게 둘이서 텐트에 들어가 손을 잡고 하늘의 별을 보면 얼마나 좋을까, 그런 생각을 했습니다. 아니 꼭 둘이 아니더라도, 그대는 알퐁스 도데의 단편소설 '별'에 나오는 아가씨가 되어 내 어깨를 등 삼아 졸고요. 목동 소년은 아가씨의 볼을 만질 듯 말 듯하는 마음으로 지켜보기만 해도 좋을 겁니다.

그런데요. 저도 알아요. 이건 참 힘든 낭만일 거라는 것을요. 잠깐 텐트에서 시간을 보낼 수 있지만 우리 아가씨를 거친 바닥에 주무시게 할 수는 없지요. 그냥 제 상상사랑입니다.

그런데 더 흥분되는 게 있어요. 섬 가장 높은 곳에 우아한 숙소가 하나 있어요. 일종의 별장이라고나 할까요. 그대와 같은 '우아

씨'가 주무시는 곳이죠. 아가씨가 있는 곳에는 머슴도 있어야 한다는 사실. 집을 통째로 빌려 그대는 망사 커튼이 쳐져 있는 침대에서 주무시고 저는 그 판잣집 같은 곳에서 꾸벅꾸벅 고개를 위아래로 흔들며 선잠을 잘게요. 그래도 제게는 영광이죠.

이곳에 가 본 적 없으시죠? 무조건 가 본 적이 없어야 합니다. 꼭 그렇다고 말해 주세요. 그대가 어느 날 이곳 시드니에 오신다면 제가 그곳으로 꼭 모실게요. 몇 달 전부터 예약해야 자리를 얻을 수 있다고 하네요. 숙박료도 일류 호텔 못지않고요. 그래도 내 님이 황홀하게 주무실 그 기쁨을 생각하면 벌써 가슴이 뛰네요.

페리를 기다리는 사이, 섬에 있는 카페에서 맥주 한잔을 했습니다. 남자 셋, 여자 여섯. 잠깐 스캔을 해도, 깊게 관찰해도 그대만큼 멋진 여인은 없었습니다. 제 마음이 하나도 안 흔들렸습니다.

그런데 일흔은 넘어 보이던(나중에 들어보니 올해 71세라고 하더라고요) 한 글동무가 노래를 뽑더라고요. 자기 흥에 겨워 갑자기 그런 것이지요. 노래 제목은 장윤정의 '초혼.' 그 여인이 유튜브에서 노래를 찾아 따라 불렀습니다.

> 살아서는 갖지 못하는
> 그런 이름 하나 때문에
> 그리운 맘 눈물 속에
> 난 띄워 보낼 뿐이죠

첫 소절이 들리는 순간 제 눈가에 눈물이 핑 돌았습니다. 일전에 유튜브에서 장윤정과 어느 할아버지가 함께 부른 '초혼' 장면이 떠올라서요. "살아서는 갖지 못하는…." 그래서 맥주 한 잔을 벌컥 마시며 마음을 달랬습니다.

"따라가면 만날 수 있나/ 멀고 먼 세상 끝까지/ 그대라면 어디라도/ 난 그저 행복할 테니."

다행히 마지막 가사는 이렇게 끝납니다. 저는 그걸로도 충분히 행복해지려고요. 하나만 약속해 줘요. 코카투섬에서 하루만 우리 둘만의 감옥에 갇혀 있겠다, 는 것을요.

* 윤대녕의 여행 산문집 『그녀에게 얘기해 주고 싶은 것들』의 형식을 빌려 쓴 글입니다.

부활을 앞둔 얼치기 작가의 모의 장례 축제

"박성기 씨, 나 잘못되면 어쩌지? 내가 뭘 그리 죄를 많이 지었다고. 이럴 줄 알았으면 그렇게 아등바등 살지 않았을 텐데……."

그의 목소리가 떨렸다. 내 손을 꽉 잡았다. 눈에는 눈물방울이 어려 있었다. 살고 싶다는 욕망이 강해 보였다. 나는 아무 말을 할 수 없었다. 그냥 눈시울만 적셨다.

'암 환자.'

그는 자기를 가리켜 그렇게 말했다. 대장암 수술 뒤 항암치료를 받을 때만 해도 암에 걸렸다는 생각을 애써 떨쳤다. 한 달 전, 치료를 다 마치고 검사에 들어간 날 간에까지 전이됐다는 말을 들었다. 수술도 할 수 없다고 했다. 성공 가능성이 없다는 뜻이었다. 하늘이 노랬다. "진짜로 암에 걸렸다니……."

육십 해를 서너 해 남긴 그는 내가 오클랜드에 살면서 마음 편히 얘기할 수 있는 몇 안 되는 사람 중 한 사람이다. 누님 같은 존재다. 내 고민과 어려움 그리고 꿈을 그 누구보다 잘 알고 있다. 급전이 필요할 때마다 한 마디 지청구 없이 선뜻 지갑을 열어 도와주기도 했다.

그의 집을 찾은 날, 비바람이 거세게 몰아쳤다. 세상의 모든 것을 걷어갈 기운이었다. 그 속에서 그는 초라하게 울부짖고 있었다. "나 아직 죽으면 안 되는데……."

무한해 보이던 삶이, 이렇게 천둥번개가 몰아치는 것처럼 유한한 삶으로 와 닿을 때가 있다. 남 얘기로만 들렸던 사건이, 내 얘기로 풀어야 할 때가 있다. 비명횡사하지 않는 한 누구든지 한 번은 겪어야 할 통과의례다.

밤 열 시, 그의 집을 나왔다. 칠흑 같은 어두운 기운이 나를 감쌌다. '죽음 너머 저 세계에는 무엇이 있을까?' 하는 생각이 들었다. 왜 죽음의 공포가 누님의 마음을 휩싸고 있는지 궁금했다. 암을, 죽음을 축제로 승화시킬 수는 없는 걸까.

나는 죽음이 두렵지 않다. 내 목숨을 스스로 끊고 싶지는 않지만, 오는 죽음을 인위적으로 막고 싶은 생각은 없다. 인생의 한 과정을 담담히 받아들이겠다. 죽음 앞에 무릎 꿇는 짓은 안 하겠다.

내 죽음을 미리 안다면, 나는 내 죽음의 한 과정을 축제의 자리로 만들 계획이다. 쉬운 말로 '죽음 축제 프로젝트'라고나 할까. 너나 나나 할 것 없이 모두 죽는다는 사실이 자명하다고 할 때, 내 죽음은 좀 특별했으면 좋겠다.

죽기 석 달 전쯤, 그러니까 내가 아직도 사람이라는 의식이 좀 있고 또 몰골도 아주 흉하지 않아 어디 내놔도 박성기라는 존재감이 남아 있을 때 의미 있는 작은 행사를 할까 한다. 가칭 '사망유희', 아니 '부활을 앞둔 얼치기 작가의 모의 장례 축제' 정도면 무방하겠다.

초대 손님은 한 50여 명. 입장료는 얼마로 하면 좋을까? 근사한 호텔에서 고기에 밥과 커피도 주는데 무료로 하기는 좀 그렇다. 두 당 100달러. 부부 동반 150달러. "에브리바디 해피?"

내 나름대로 대충 짠 순서.

하나, 주인공 입장.

나, 죽을상 쓰지 말고 당당하게 입장한다. 어벙한 짓을 하며 우레와 같은 박수를 유도한다.

둘, 주인공 약력 소개.

한평생의 삶을 기전체 형식으로 요약, 스크린에 쏜다. 편년체로 할 경우, 자랑할 게 별로 없다는 뜻이다. 내 삶 가운데 그래도 조금 빛났던 삶을 소개하면 된다. 분명히 손님 가운데 태반이 어이없다는 듯 '썩소'를 날릴 게 분명하다.

셋, 주인공이 즐겨 부르던 노래 소개하기.

내가 좋아하는 노래를 재즈 피아노 또는 기타 반주와 함께 듣는다. 노래 잘 부르는 사람이 나와 직접 하면 더 좋다. 조영남의 〈인생〉, 들국화의 〈행진〉, 한대수의 〈물 좀 주소〉, 김정호의 〈하얀 나비〉, 김광석의 〈너무 슬픈 사랑은 사랑이 아니었음을〉 이렇게 다섯 곡이면 충분하다.

여벌로 신중현의 〈미인〉은 내 몫으로 남겨둔다. 내가 직접 부르고 싶어서이다. "한 번 보고 두 번 보고 자꾸만 보고 싶네~~ 그 누구의 애인인지 정말로 궁금하네." 이때 좌중에 있던 한 여인(될 수 있으면 미인)이 벌떡 일어나 흥을 돋우면 금상첨화.

넷, 유서 공개.

"나 박성기는 불라불라~~" 주 내용은 너무 슬퍼하지 말라는 것을 담고 싶다. 이 세상보다 더 좋은 저세상으로 가는데, 부디 축하해 달라는 말을 하려고 한다. 내가 꼭 기독교인이어서가 아니라, '하루 먼저 죽으면 하루 먼저 천국 간다'라는 확신이 있어서다.

다섯, 광고.

정중히 참석자들께 감사의 말씀을 올린다. 그러면서 곧 죽게 되는 나를 이 세상에서 다시 볼 수 있는 다른 방법은, 나보다 더 빛나게 살 수 있는 사람에게 힘을 실어주는 것이라고 말한다. 이때, 헌금(?) 바구니를 든 소년소녀들이 등장한다. 모아진 헌금은 전액 어린이 자선단체 세이브더칠드런에 기부한다는 사실을 전한다.

여섯, 주인공 퇴장.

죽음 잔치를 빛내준 분들께 일일이 악수를 한다. 주인공은 절대 눈물을 흘리지 않는다. 그렇다고 웃지도 않는다. 어중간한 표정. 죽음을 목전에 둔 사람이 지을 수 있는 가장 예의 바른 태도를 견지한다. 그렇게 '슬프지만, 안녕~'을 고한다.

내 모의 장례 축제 시놉시스다. 백 퍼센트 그렇게 할 자신은 없다. 내 앞일을 나도 모르기 때문이다. 대충 그런 식으로 진행하겠다는 말이다. 이 시놉은 하루아침에 나온 게 아니다. 오랫동안 마음속으로 퇴고에 퇴고를 거듭한 끝에 얻은 졸작이다. 공모전 당선은 꿈에도 없는 만큼 내 컴퓨터 폴더 속에 숨어 있거나, 아니 이제는 이 글을 읽는 사람 정도가 알아주면 된다.

끝으로 짧은 신앙고백.

나는 부활 뒤 영생, 죽음 뒤 천국을 믿는다. 이 세상보다 저 세상, 그러니까 하나님 나라가 더 의미가 있다고 생각한다. 이 세상이 싫어서가 아니라, 죽음 너머 그 세계를 확실히 알기에 죽음 앞에 당당해지고 싶다는 뜻이다.

"박성기 씨, 나 좀 살려줘."

그의 애잔한 울부짖음이 내 마음을 얼얼하게 만든다. 늘 쾌활하고 밝았던 그가 죽음 앞에서 한없이 약해졌다. 어쩌면 인간 본연의, 지극히 보통 사람다운 자연스러운 모습이라고 믿는다. 그러나 그 앞에서 나는 아무 말도 할 수 없다. 내가 죽었다 깨어나도 그를 살려줄 수가 없기 때문이다.

철학자 키르케고르는 '죽음에 이르는 병을 절망 또는 고독'이라고 말했다. 부디 바라기는 내 누님 같은 그가 죽음 앞서 오는 절망 때문에 병이 더 깊어지지 않았으면 하는 마음뿐이다.

입국심사

바로 당신이야!

삶과 죽음 그 어디에 가벼움이 있는가?

양지연

5.16 군사 쿠데타가 일어난 1961년 충남 금산 출생. 대학 졸업 후 최루탄 만드는 삼양화학의 스카우트 제의를 물리치고 1989년 호주에서 연구 보조원으로 새 삶을 시작. 1998년 Australian National University(ANU)에서 석사 학위 취득. 2004년 독일 프랑크푸르트 괴테 대학에서 박사 학위 취득. 귀국 후 가톨릭 의대에서 2012년까지 재직. 호주로 이주 후 애들레이드 대학 암 연구소에서 근무. 2017년 시드니로 이사. 2021년 월간 『크리스찬리뷰』에 '인간이란 무엇인가'로 1년간 연재. 프리랜서 사진작가(한국사진작가협회). 현재 문학동인 캥거루 회원으로 활동.

입국심사

교보문고에 가서 꼭 그 책을 사 와야 했는데, 고속버스터미널 지하상가에서 영화 『Peaky Blinders』에 나오는 모자를, 광장시장에 들러 순대와 떡볶이를 먹어야 했는데 등. 오랜만에 한국에 가면 하고 싶은 것이 너무 많다. 그리고 호주로 돌아왔을 때 하지 않았던 일을 후회한다. 나는 시드니에 살고 있다. 꼭 해야 할 방문 목적의 일정을 마친 후 남겨진 3일은 나를 위해 뭘 할지 생각했다. 이발소에 가서 머리를 다듬거나 목욕탕에 가서 때를 미는 것도 여기에 포함된다.

잠원동에 있던 동네 이발소를 찾았다. 중년의 대머리 미용사가 운영하던 이발소는 다른 업종으로 바뀌었고, 주변엔 '파마, 염색, 커트, 화장'이라는 간판의 미용실이 있었다. 특히 하얀 바탕에 빨간색으로 '남성 헤어컷'이라고 쓰인 소박한 문구에 신뢰감이 밀려왔다. "윗머리는 많이 자르지 말고, 밑부분은 상고머리 형태로 해 주세요."라고 말하고 잠깐 졸다 눈을 뜨니, 아주머니가 물었다.

"눈썹 좀 해 드릴까요?"

뭔가 해준다니 고개를 끄덕이는 것으로 내 의사를 표현했다. 아버지를 닮은 나는 숱이 많아 눈썹이 짙은 편이다. 미용사의 능란한 손놀림이 멈춘 후 거울을 보니 면도로 밀었는지 눈썹이 서양 사람처럼 미간에서 관자놀이 쪽으로 갈수록 가늘고 갸름하게 만들어져 있었다.

눈썹 하나 바뀌었을 뿐인데 뭐…….

낯선 그 변화가 꽤 신경이 쓰였고 어색했지만, 강한 인상이 좀 부드러워진 것 같고, 눈썹이 외국인처럼 변한 내 모습에 살짝 만족감을 느끼기도 했다. 팁으로 몇천 원 더 줬다.

12시가 넘기 전 집으로 돌아가야 하는 바쁜 신데렐라처럼 한국을 떠나기 전 보고 싶고, 먹고 싶고, 사고 싶은 것들 때문에 마음이 급해졌다. 한곳에 머무르지 않고 서둘러 돌아다녔는데 지치지 않았다. 그리움은 힘이다. 해가 질 때쯤 눈과 호흡기가 미세 먼지로 불편해지고 있었다. 그때 간판이 눈에 확 들어왔다.

24시 불가마 사우나!

수인분당선이 지나는 모란역 부근을 지나다 버스에서 내렸다. 5층 건물의 유리창에는 사우나 간판 말고도 서로 별 연관성이 없는 보청기, 기원, 한의원, 세무사 등 다양한 업종의 간판이 빼곡히 채우고 있었다.

수증기가 피어오르는 탕 안에 들어가서 몸을 담갔다. 제법 뜨거웠다. 물이 턱밑까지 닿았다. 벗고 멀뚱멀뚱 서로 바라보는 것이 민망한 듯 명상수련원생처럼 서너 명이 눈을 감고 앉아 있었다. 사우나에서 온탕과 냉탕을 번갈아 가며 부지런히 때를 불린 후, 나머지는 때를 밀어주는 사람에게 맡겼다. 그는 아프면 말해 달라면서 우악스러운 손으로 쓱쓱 밀며 앞으로, 옆으로, 뒤로 누우라고 명령했다. 이런 일에 돈으로 타인의 도움을 받는다는 것에 쑥스럽고 부끄러운 마음이 들었다. 하지만, 이태리타월에 박박 밀려 나와 욕실 바닥에 쌓이는 녹두 크기의 때를 바라보며 해탈을 경험했다.

  시드니 공항에 도착했다. 입국 심사대에서 내 앞에 있던 긴 줄의 사람들이 차례대로 검색대 카메라를 바라보면 즉시 문이 열리고 곧바로 밖으로 나갔다. "아, 이게 AI 안면 인식 기술이구나!" 입국자와 데이터베이스에 있는 정보가 일치하는지 판별하는 거기에 사람은 없었다. 감탄하고 있을 때 내 차례가 왔다. 그런데 이상했다. 아무리 카메라를 쳐다봐도 문은 열리지 않았다. 앞 사람의 상황과 달랐다. 검색대 바로 옆 작은 모니터에는 한 사람과 그림자 같은 또 다른 사람이 나란히 서 있는 아이콘이 보였다. 왼쪽, 오른쪽, 위를 보고 또다시 정중히 카메라를 응시했지만, 문은 꿈쩍도 하지 않았다. 내 뒤에 서 있는 사람들이 불편한 표정을 지으며 나를 쳐다보기 시작했다. 나는 더 당황했고, 결국 보안 요원이 다가왔다. 보안 요원의 지시에 따라 몇 번을 더 시도했지만, 기계는 완강히 나의 입국을 거부했다.

"문제가 생겼습니다. 조사실로 가야겠어요."

다른 복장의 보안 요원과 함께 별도의 조사실로 갔다. 이 상황이 이해되지 않았다. "혹시 나이 드신 이모가 사과하고 과도를 내 가방에 넣었나?" 아니면 "내가 불법 물건을 가지고 있나?" 하고 걱정했지만, 보안 요원은 딱히 이유를 설명해 주지 않았다. 도대체 뭐가 잘못된 거지? 한 시간 넘게 조사실에서 울렁거리는 시간을 보내며 결과를 기다렸다. 그들은 "카메라에 찍힌 내 얼굴이 데이터베이스에 등록된 얼굴과 일치하지 않으며, 중동의 어떤 테러리스트 인물과 67% 일치한다는 결과가 나왔다."라고 했다. 나는 순간 머릿속이 하얗게 변했다.

아니 그게 왜?

질문은 계속되었다.

"호주에 처음 온 게 언제인가?", "현재 거주지는 어디인가?", "신원을 보증해 줄 가족이나 친구, 직장 동료가 있는가?"

그때 미용실 아줌마의 목소리가 이명처럼 들렸다.

"눈썹 좀 해드릴까요?"

아~ 눈썹!

내 굵고 진한 눈썹을 서양식으로 갸름하게 만들었던 그 순간이 떠올랐다. 설명하기는 쉽지 않았으나, 그들도 결국 얼굴 인식 시스템의 오류를 인정했다.

우여곡절 끝에 나는 풀려났다.

눈썹 하나 바뀌었을 뿐인데…….

바로 당신이야!

언제부터인지 손오공이 자신의 머리카락으로 수없이 많은 분신을 만들었다는 이야기는 끔찍하다.

아내가 한국에 갔다. 간섭과 방해 없이 좋아하는 사소한 일에 몰입할 수 있는 완벽한 하루가 시작되었다. 먼저 진공청소기로 거실과 목욕탕 바닥을 훑었다. 나중에 발견한 긴 머리카락 한 올은 엄지와 집게손가락으로 조심히 집어 쓰레기통에 버렸다. 미뤄 두었던 작별 인사 편지를 우체통에 넣은 느낌이었다.

노골적으로 유혹의 향기를 발하는 세면대 위 형형색색 화장품은 벽면 수납공간에 남김없이 넣었다. 내게는 그저 다양한 화공약품일 뿐이었다.

아내 없이 보낸 첫 주말에는 교회에 가지 않았다. 지금, 이 순간 이 천국인데 교회에 가서 또 다른 천국을 갈망할 이유가 없었다.

젊었던 시절처럼 아내와 나 사이가 죽고 못 살 만큼 살뜰한 것도 아니다. 의견이 달라 서로의 가슴에 비수를 날릴 때도 있지만,

대부분은 각자 자기 일을 하고 무관심할 때가 더 많다. 주말이면 아내가 외출했다는 것을 깨닫지 못하고 하루를 보낼 때도 있다. 잠시 보이지 않더라도 반드시 다시 나타날 것임을 나는 안다. 아내는 주말이면 친구를 만나러 나가거나, 넷플릭스 영화를 보며 혼자 심각해지거나, 주방에서 반찬을 만들곤 했다.

혼자 4주를 보내면서 소일거리를 찾던 중 유튜브에서 본 미니멀리즘이 뇌리에 꽂혔다. 이것저것 버리다 점점 대담해지면서 지난 몇 년 동안 입지 않은 아내 옷도 버렸다. '불필요한 것을 버리는 것이 정리의 기본'이라는 정리의 달인 말은 수학 문제 정답처럼 명확했다. 온화한 날씨인 시드니에서는 별로 입을 일도 없는 바바리코트를 버리면서, 연상 작용으로 아내가 그 옷을 기억해낼까 봐 스카프도 함께 버렸다. 눈치채지 못하기를 바라면서……. 짝짓기가 끝나면 각자 무리 속으로 되돌아가는 동물과 다르게 '결혼'이 내포하는 '평생'이라는 의미는 그렇게 녹록한 것이 아니다.

신발 가방 옷 등 아내의 손때가 묻은 물건은 이제 인기척 없는 집에서 정물화처럼 그 자리에 멈춰 있었다. 한밤중 욕실에서 떨어지는 물방울이 만들어낸 작은 소리에 놀라 깨었을 때, 친구 C로부터 친구 K의 아내가 죽었다는 부고를 받았다. 집 안에 나 외에는 아무도 없다는 사실이 점점 끔찍해졌다. 자유와 권태는 두 얼굴에 하나의 몸통을 가진 야누스다.

아내가 두 번 다시 나타나지 않는다면?

아내가 있을 때는 아내가 거기에 있다는 사실도 몰랐지만, 막상 아내가 없으면 온종일 그 '없음'을 각성하는 고통을 감수해야 할지도 모른다.

아내가 한국에서 돌아왔다. 반가운 마음에 묻지도 않았는데 의기양양하게 말했다.

나: 그동안 버리고 싶었는데 차마 버리지 못했던 것 있으면 말해봐.
아내: 말해도 돼? 바로 당신이야!

삶과 죽음 그 어디에 가벼움이 있는가?

크리스마스 휴가철이 시작될 즈음이었다. 평소보다 일찍 일어나 아내와 함께 오번Auburn 병원에 도착했다. 대장암 때문이었다. 변기를 선홍색 피로 채운 지 한 달 만이다. 새해 1월 수술하기로 했으나, 오늘 수술이 예정되었던 환자가 COVID-19 바이러스에 감염돼 내 차례가 되었다.

초로의 백인 남자 간호사가 짧고 간략하게 병력을 물었다. 전신마취 후 수술한 적이 있었는지, 사용한 마취제나 약물에 부작용이 있었는가? 계속되는 마약, 담배, 술 등과 연관된 그의 질문은 조사하듯 빨랐고 건조했다. 키, 몸무게 측정과 만년필처럼 생긴 손전등으로 입안을 쓱 들여다보면서 동시에 치아의 개수를 세었다. 쉰 목소리는 넷플릭스에서 본 범죄영화 대사를 떠올렸다.

"치아는 오래 보존되는 조직이기 때문에 사체의 신원 확인에 유용하지……."

수용소 목욕탕으로 들어가기 전 홀로코스트 희생자들도 이런 느낌이었을까? 벗은 옷과 소지품을 분홍색 플라스틱 봉투에 넣고

양지연

검은색 일회용 가운으로 갈아입었다. 바스락거리는 소리가 유난히 크게 느껴졌다.

흔들리는 내 눈에서 극도의 긴장을 감지한 노련한 간호사는 여러 번 써먹은 듯한 "사망자의 발가락에 신상 정보 꼬리표를 붙이려던 검시관이 발가락이 움직이는 걸 보고 너 지금 죽은 체하는 거지?"라는 가볍고 싱거운 농담을 던진다. 다른 때라면 웃을 수도 있는 내용이었으나 웃음은 나오지 않고 더욱 불안해졌다. 벗어놓은 옷가지와 휴대전화, 안경, 시계, 신발이 든 봉투를 들고 "나는 곧 은퇴한다."라며 농담처럼 방을 나갔다. 타인의 고통에 어느 정도 무감각해야 탈진 없이 힘든 일을 견딜 수 있는 직업 같았다.

바퀴 달린 철제 침대에 누워 수술실로 이동하면서 보이는 것은 천장뿐이었다. 형광등 주변 거미줄에 죽어 엉켜 있는 벌레들, 그 사이에서 하루살이 한 마리가 벗어나려고 몸부림치고 있었다. 입 안이 바짝 말랐다. 수술실로 들어가기 전 기다려야 했다. 그런데 대기실 방 번호가 4번이었다. 갑자기 수술할 아랫배가 당기면서 웃음이 나왔다. 극심한 긴장이 임계점을 넘으며 일어난 일이다. 한국에서는 아파트도 3층 다음에 5층인데……. 지금, 이 상황이 남 일처럼 느껴졌다.

"인생은 외롭지도 않고 그저 낡은 잡지의 표지처럼 통속하거늘."

삶과 죽음 그 어디에 무거움이 있는가?

호주에서는 수술실을 극장(Theatre)이라 부른다. 19세기 영국

런던의 극장 무대에서 '외과 수술'이 시행되었던 데에서 유래한다. 대중 앞에서 진행하는 수술이 일종의 인기 드라마였다. 수술을 끝낸 의사의 득의만만한 미소, 관객들의 갈채와 환호.

수술복 차림의 남자가 들어왔다. 마스크와 수술 모자로 얼굴을 감싸 눈만 보였다. 그는 동일한 내용의 종이 세 장을 들이밀며 각각 사인을 요구했다. "만에 하나 수술이 잘못되어 사망하면 병원과 의사에게 책임을 묻지 않겠다."라는 내용이었다. 소속만 마취, 수술, 응급실로 다르게 적혀 있었다.

나는 죽어도 항의할 수 있는 존재가 더 이상 아니었다. 수술 대기실에서 머무르는 시간 처음으로 죽음의 공포와 삶의 마무리에 대해 생각했다. 아빠 없이 결혼식장에 들어갈지도 모를 딸들이 떠올랐다.

아이들이 어릴 때, 작은 손으로 매달리며 "아빠, 우리 수영장 가요!", "놀이터에 가요!", "재밌는 이야기해 줘요!" 하며 눈을 반짝이던 순간들이 지나갔다. 그때마다 "다음에 하자."며 미뤘다. 바빴다. 일을 해야 했다. 나는 그것이 최선이라고 믿었다.

그때의 '다음'은 오지 않았다. 아이들은 자랐고, 더 이상 내 손을 잡고 졸라대지 않는다. 우리가 함께하지 않았던 모든 사랑이 즐거움이 바람이 그렇게 최선이라고 생각한 판단 속에서 결국 사라졌다. 죽음은 삶을 절실하게 일깨워준다. 당신의 오늘이, 언젠가 후회 없는 추억이 되기를…….

삶과 죽음 그 어디에 가벼움이 있는가?

숲의 노래, 생명과 공존

숲의 풍경, 시간의 무게

숲의 운명, 저절로 그렇게

안동환

한강이 내려다보이는 서울에서 태어나 자랐다. 두산에서 22년간 엔지니어로 일했고, 2006년 호주로 이주해 시드니와 멜버른의 숲속에서 나무와 함께 새로운 삶을 시작했다. 2010년 한국『문학사랑』으로 등단했고, 현재 시드니 문학동인 캥거루에서 활동 중이다. 산문집으로『중년, 담담하게 버티는』이 있고, 2024년 재외동포문학상 수필 부문에 입상했다.

숲의 노래, 생명과 공존

　어둠이 채 걷히지 않은 이른 아침. 나는 매일 숲으로 향한다. 나무와 풀이 가득한 모든 숲이 일터다. 세상은 아직 잠에서 덜 깨어 고요하고, 신선한 새벽 공기는 몸과 마음을 정결케 한다. 편안한 마음이 녹아든 도시락과 함께 떠나는 출근길은 하루하루가 소풍이다. 수많은 생명이 다채로운 모습으로 어우러져 살아가는 아침 숲은 신비롭다. 소리가 없어 들을 수 있는 능력이 배가되고, 움직임이 없어 볼 수 있는 능력 또한 깊어진다. 평소에는 전혀 보거나 들을 수 없는 새로운 세상을, 이른 시간 숲은 고스란히 드러낸다. 투명하고 눈부신 아침 햇살이 숲속 하찮은 풀 위로 내려앉으면, 그들 가까이 몸을 숙이고 눈을 감는다. 흙과 풀이 가진 익숙한 내음은, 새벽 공기와 함께 폐부 깊이 빨려 들어와 온몸으로 스며든다. 눈을 뜨고 젖은 풀잎과 나뭇잎을 오랫동안, 가만히 들여다본다. 빛과 바람에 실려 몸안으로 들어온 숲의 숨결은, 알 수 없는 내 안의 기운과 어우러져 하나가 된다. 숲이 갖고 있는 무한한 에너지가 내 안에, 나는 그 안에 거하게 된다.

아메리카 인디언들은 한 그루 나무에도 정령이 깃들어 있다고 믿어 자르지 않았다. 죽을 때도 숲으로 들어가, 큰 나무 아래 앉아 죽음을 맞이했다. 숲과 나무가 갖는 정신은 물론이고 자연의 품에, 치유와 생명조차 맡기고 의탁했다. 역사 속에서는 언제나 땅과 숲을 정복한 백인이 인디언들에게 승리했으나, 지구의 재앙이 환경에서 벗어날 수 없는 지금, 역사 속 승리가 새삼스럽게 달리 다가온다. 자연과 삶에 대한 그들 방식이 귀하게 여겨진다. 인간에게 숲은 태고 이래, 언제나 신비와 경외의 대상이었다. 샤머니즘, 토테미즘 등과 같은 고대 종교는 아주 오랜 시간 자연과 인간을 같이 아우르며 존재했고, 인류의 역사를 이끌어 왔다. 하지만 숲과 인간의 아픈 이별은 창조주가 에덴동산이라는 완벽한 숲에서 인간을 내보냄으로써 시작되었다. 숲과 함께하는 신과 정령들을 향한 숭배는, 종교라는 이름으로 죄악시되기도 했다. 급기야 산업혁명을 거치면서 과학과 문명이라는 거대 담론 앞에서 숲은 황폐해졌다. 지구와 숲이 갖는 긴 역사에 비하면 비교할 수 없는 짧은 시간에 말이다.

시드니에서 나는 생태계를 보호하고 회복시키기 위해, 숲속에서 특정 식물을 제거하는 일을 한다. 이 대상을 위드, 잡초라 부른다. '잡초'라는 우리말이 농경지에서 자라는 농작물 이외의 잡풀로 인식되는 것에 반해, 숲에서는 좀 더 넓은 의미가 있다. 지금 여기에 존재하는 것을 인간이 원하지 않는다면, 아무리 귀한 식물일지라도 위드가 된다. 어제의 네이티브(native, 토착 식물)가 오늘은 위드가 되기도 하고, 멜버른의 위드는 시드니에서 네이티브로 분류되기도 한다. 돈을 주고 사들여 열심히 뒷마당에서 키우고 있는 식물 대개가 숲에서는 위드다. 건강한 생태계를 만든다는 것은 위드를 죽이는 것에서 시작한다. 왕성한 생명력으로 숲의 다양성이 위협받기 때문이다. 뽑거나 자르고 또는 약을 바르거나 뿌리고, 때론 불로 태우기도 한다. 숲을 보호하기 위해 숲을 죽이는 것이다. 사람이 다니는 길가에서 자라는 식물은 대부분 위드다. 사람 때가 전혀 타지 않는, 깊은 산속이나 오지에는 위드가 없다. 숲에 위드가 등장하는 것은 사람 때문이다. 인간 기준과 편의로 나눠진 위드와 네이티브의 운명은, 그래서 공평하지 않다. 어떤 나무를 위해 어떤 나무가 죽어야 한다는 것은 씁쓸한 현실이다.

나무와 풀도 감정을 갖는 생명이다. 식물은 몸과 얼굴을 갖고 있으며 숨결조차 있다고 한다. 최근 발표되고 있는 실험 사례에 의하면, 식물도 감정을 지니고 있음이 증명되고 있다. 인간들을 알아보고 기억하며 마음을 읽기까지 한다는 것이다. 집에서 키우는 식물에 사랑하는 손길과 눈길을 보내느냐 안 보내느냐에 따라, 잘 자라고 시들고 하는 차이가 나타남을 모르는 사람은 없다. 전류를 측정하는 일반적인 실험 장치로, 식물에 닥친 기쁨과 고통의 순간 전류를 측정하면, 서로 다른 결과를 얻는다. 간단한 실험으로 식물 감정 변화를 알 수 있는 것이다. 단지 인간 지각 능력으로 식물 감정 표현을 눈치채지 못하는 것일 뿐이다. 실로 놀랍고 신기한 일이다.

스스로 생각하고 판단하고 행동하는 모든 것에 관여한다는 DNA. 식물 중에는 동물이나 심지어 인간보다도 DNA 수가 더 많은 것이 있다. 움직이지도 못하면서 환경 변화에 적응하고, 종족을 퍼뜨려야 하고, 모진 비바람에 견뎌야 하고, 온갖 동물의 공격에 살아남아야 하니, 얼마나 많은 지혜가 필요하겠는가. 동물보다 더 다양하고 복잡한 환경에서 생존하기 위한, 복잡한 유전자 메커니즘을 가져야 하는 식물이 오히려 한 수 우위임을 인정한다.

죽음 앞에 선 식물의 두려움과 고통스러운 비명이 들리는 듯하다. 어쩔 수 없이 죽여야 하는 식물도, 정신을 지닌 생명체라 생각하며 진정한 위로를 전한다면, 고통 앞에서 다른 반응을 보인다. 죽음을 받아들이는 놀라운 순리의 지혜를 발견할 수 있는 것이다. 얼마나 다행인지 모른다. 비록 죽일 수밖에 없는 위드일지라도, 따뜻한 마음과 다정한 눈길로 위로를 잊지 않아야겠다. 죽음 앞에서 두려움에 떠는 식물을 기어코 죽여야 한다는 굴레를 이젠 벗어나겠다. 위드를 제거한다는 것은 단지 끝나고 없어지는 것을 말하지 않는다. 그것은 또 다른 생명의 시작을 말한다. 그렇게 공존하는 세상이다. 나는 오늘도 따뜻한 위로의 마음과 함께 위드를 제거하며 숲에서 일한다. 식물 하나를 허물어, 자연 속에 또 다른 하나가 되게 하여, 새로운 시작을 만든다. 인간에 의해 무너지는 생태계를 회복시켜 건강한 숲을 만든다.

숲의 풍경, 시간의 무게

 몸은 가벼웠으나 마음은 무거웠다. 서울 변두리에 있는 지하실 야학에서 우리는 결론 없는 토론으로 많은 밤을 지새웠다. 그로부터 30년이 지나 모두 무엇인가가 되어, 이름 앞에 또 다른 낯선 직함들을 달고 다시 만났다. 서먹함이 어느 정도 지나자, 직업과 일에 관해 얘기하며 명함을 주고받았다. 회비도 걷고 가족들의 안부도 물었고 치솟는 물가와 부동산도 걱정했다. 얼마간 시간이 더 흐르자, 우리는 익숙하게 목소리를 낮추어 떠도는 세상 이야기를 주고받았고, 편하게 비판하고 개탄도 했다. 아무도 젊은 시절의 무참했던 시간을 꺼내지 않았다. 많은 술과 안주를 남기고 중년의 건강을 걱정해 주며, 연락처를 확인하고 헤어졌다. 젊음의 순수와 열정을 아직도 사랑하는 것과, 고개 숙이고 버티며 살아야 하는 현실은 다르지 않았다. 돌아가는 마음마다 침묵은 무관심이나 부끄러움만은 아니었다. 계산을 마치고 화장실에서 만난 친구는 '참교육'이라는 화두에 삼십여 년 교단을 들락거렸다. 그의 독백 같은 말을 들었다. "이십 대에 혁명과 진보를 사랑하지 않으면 가슴이 없는 사람이고, 오십 대에 아직도 진보 주위를 기웃거리면 머리가 없는 사람이라고 하더라." 무기력하나 편안한 중년의 가장에, 모두 익숙해 있었다. 세월의 흐름과 함께 자리잡은 시크한 매너와 몸은 가벼워 보였으나, 꺼내지 못하는 묻힌 시간과 마음은 무거웠다. 한 달간 서울 나들이를 마치고 돌아오는 적도 하늘 아래서, 무거운 마음은 부서져 작고 희미해졌지만, 가벼운 몸은 무거운 마음에 빨려 들어 다시 하나가 되었다.

'도그폰드(Dog Pond)' 현장에 스미는 빛으로는 아직 시간을 가늠하기 어렵다. 거머리에 효과적인 '검부츠(gumboots)'를 신고 방충제를 뿌리거나 발라서 익숙지 않은 눅눅한 냄새가 난다. 새벽에 흩뿌려진 옅은 안개를 헤치고 아침 햇살이 비스듬히 내려앉는다. 상부는 열 길이 넘는 유칼립투스 나무로 막아서 하늘을 숨기고, 땅 위 양치류는 길들마저 숨겨버린다. 숲을 뚫고 들어온 빛줄기는 헐거운 나무들 틈새로 흩어져 사방으로 스미든다. 숲을 헤치고 지나가는 바람은 여러 갈래로 나뉘며 아름드리나무를 휘감아 돌아간다. 덜 마른 잎과 부딪힌 윗바람은 낮아지고, 이끼 낀 돌과 부딪힌 아랫바람은 흙속으로 잠긴다. 헐렁한 작업복 사이로 들어온 아침 바람에 맨살의 촉수는 좁아들어 소름으로 돋는다. 익숙하게 앞서가는 수퍼바이저의 움직임은, 부딪는 소리조차 삼켜내며 거침없이 나아간다. 새내기 '부시리젠'은 간격을 놓치지 않으려 부산히 발길을 재촉하지만, 풀은 낯선 움직임에 신음을 참지 못한다. 짧은 부재가 긴 익숙함을 비웃듯, '부시리젠'에게 찾아온 어설픔에서 낯섦을 본다. 언제나 그러하듯 깃을 세우고 모자를 누르고 먼 나무들 위로 시선을 던지며 숲으로 들어간다. 빛과 바람과 흙에서 영감을 만나고, 숲속 나무와 풀에서 생명을 만나려 한다.

 몸은 무거웠으나 마음은 가벼웠다. 친구들을 만났다. 같이 보냈던 시간을 생각했다. 학창 시절 만날 때는 비슷했고, 그 이후는 많이 다른 세상에서 바쁘게 살았다. 이번 만남에서는 긴 시간 만나지 못했음에도 오히려 비슷해지는 것 같았다. 마치 학창 시절로 돌아가, 같이 있는 느낌이었다. 세상에다 자랑하고픈 특별한 그들에서, 사소한 것까지 죽이 맞고, 아무 때나 어디서나 기다리고 만나고 귀 기울여주는 비슷한 친구로 다시 돌아온 것처럼 말이다. "내 친구 놈 중에 말이야……." 하고 시작하는 말하기를 좋아했다. 지금까지는 내가 갖지 못한 것을 갖고 있는 친구가 자랑스러웠는데, 지금은 버겁다. 무작정 앞으로만 흘러가는 시간도 있지만, 계속해서 반복되는 회귀하는 시간도 있다. 한번 지나간 시간은 돌아오지 않는다지만, 왠지 만나면 헤어졌다 언젠가 다시 만날 거 같았다. 나서 살다 죽으면 다음에 무엇이 되어, 또 시작하듯이. 차라리 그런 반복되는 시간에 더 의미가 있지 않을까. 긴 세월 다른 세상에서 많이 달라진 친구들은 서로를 무겁게 했으나, 비슷해져 가며 회귀하는 친구들은 마음을 가볍게 했다. 돌아오는 남태평양 하늘 아래서 가벼워진 마음 위로 무거운 몸이 겹치고, 무거운 몸 위엔 또다시 가벼운 마음이 겹치며 하나가 되었다.

'도그폰드' 계곡을 아래에 두고 동쪽 경사면에 있는 '란타나(Lantana)'가 오늘의 목표다. 가장 익숙하고 만만한 상대다. 노동 강도는 문제되지 않는다. 단순한 행위가 반복되며 몸에 익숙해지면, 아무리 힘든 작업도 강도를 잃는다. 손과 눈으로 네이티브 풀들만 골라내야 하는 작업이 오히려, 계속되는 집중력으로 피로감을 불러온다. 울창한 '시드니블루검' 숲이 '도그폰드' 물 위에 거꾸로 비친다. 물에 잠긴 그림자엔 TV 화면에서 보았던 파란 '심슨 가족' 하늘이 어른거린다. 고개를 들어 계곡 위를 바라본다. 서쪽 경사면으로 화려한 원색의 꽃들을 머리에 이고 있는 '란타나'가 여전히 무성하다. 시간이 흐르면서 말없이 움직이는 '부시리젠' 간에 거리가 생긴다. 짧고 깊은 호흡 소리만이 동료 위치를 알려준다. 휴식 시간이 되면 그들은 '검부츠'를 벗고, 누구 양말 속에 거머리가 더 많은지 비교하며, 그들만의 쿨한 '부시리젠'을 만든다.

늘어진 양치류 잎이 가벼운 바람에 움직일 때마다, 옅은 햇살은 사라진 듯 보였으나 곧 다시 나타난다. 바람과 빛은 뒤엉키며 끊임없이 새로운 그림자가 된다. 밝음과 어둠은 서로에게 녹아 들어 하나가 되고, 빛과 바람은 숲을 흔들며 새로운 밝음과 어둠을 만든다. 숲은 '부시리젠'이 돌아갈 시간을 빛으로 말한다. 빛은 그림자로, 그림자는 길이와 기울기로 떠날 시간을 정한다. 아득히 먼 곳을 그윽이 바라보듯, 멀리 보내는 시선으로 숲속 빛을 찾는다. 높이 솟은 유칼립투스 나무 사이로 내리는 빛은 가지 사이로 스러진다. 가지를 비켜서 나타난 빛은, 낮게 내려앉은 잎맥을 따라 모여들고, 그 빛은 안쪽으로 스며들어 하나가 된다.

* 부시리젠(Bush Regenerator) : 숲을 건강하게 만들기 위해서 네이티브 토착 식물을 심고 보호, 관리하며 위드(weed)를 제거함으로써 숲 생태계의 복원을 시도하는 사람. 호주의 카운슬이나 내셔널 파크 등의 임무를 수행하며 주로 도시 내부 또는 근교의 숲이 활동 무대임.

숲의 운명, 저절로 그렇게

비 오는 숲은 낯설다. 헐거운 나무 사이로 굵은 빗줄기가 내린다. 빗물은 땅 위에서 물줄기가 되고, 바위에 부딪혀 부서진다. 흩어진 물들은 다시 나타나 모였다가, 이내 또 사라진다. 깨어지고 나뉜 물들은 땅속으로 스며들어, 흙과 하나가 된다. 땅속 얕게 숨어 있던 흙 내음은, 쏟아지는 빗줄기를 따라 세상으로 솟아올라, 숲을 채운다. 강물 깊이 눌려있던 물비린내도 떨어지는 빗물을 거슬러 올라, 숲으로 퍼진다. 익숙하지 않은 숲 내음은 뒤집혀 섞이며 분간할 수 없는 기운이 된다. 비가 오면 숲의 풍경은 낯설어진다.

숲은 알 수 없는 일들로 가득하다. 숲속엔 나무들의 삶이 모여 있다. 숲은 각각의 나무를 무시하지 않고 모두를 아우른다. 나무는 숲에 파묻혀 사라지지 않고 제 모습을 잃지 않는다. 숲은 나무를 품지만, 나무는 숲에 묻히지 않는다. 나무의 바깥쪽은 수분과 양분을 전달하며 생존을 주관하다, 늙으면 안쪽으로 밀려난다. 겉 부분은 젊음으로 대체되어 새 삶을 이어간다. 단단하게 말라

버린 늙은 중심부는 하는 일 없이 세월을 이어가나, 그들의 굳건함으로 땅 위에 곧게 서서 버틸 수가 있다. 안과 밖이 이렇듯 켜를 지어 결을 이루면서, 나무는 젊음과 늙음이 동시에 존재하고, 태어남과 죽음이 같이 전개되는 경이로운 모습을 보인다. 숲과 나무에는 여전히 내가 알 수 없는 일들로 가득 차 있다. 친해진다고 낯섦이 없어지지 않듯이, 시간이 흘러 익숙해진다고 숲의 풍경 안에 숨겨진 것들을 알 수 있는 것은 아니다.

  숲은 배경이다. 집 앞에서 몇 분만 걸어가면 세상 소리가 멎고 하늘빛이 닫힌 숲을 만난다. 처음 그런 숲을 본 날, 당당하던 연인이 어느 날 내 앞에서 눈물을 보였을 때처럼 놀라움에 당혹스러웠다. 그 숲이 사람들 손과 돈으로 꾸며진 것이 아닌, 숲 저절로 된 것이라는 것을 알던 날, 알아서는 안 되는 연인의 아픔을 우연히 알게 되었을 때처럼 할 말을 잃고 어쩔 줄 몰랐다. 숲속 모든 살아 있는 것들은 스스로 생각하고 소통하며 인간을 읽고 있다는 것을 깨달은 날, 지금은 잊힌 옛사랑의 여인이 아직도 나를 그리워하고 있음을 알아버린 그때처럼 속수무책일 수밖에 없었다. 숲은 사람이 사는 세상 너머 새로운 곳이었고, 세상 속에 존재하는 또 다른 세상이었다. 모든 게 낯선 풍경이었으나 그 풍경은 곧 내게 들어와 삶의 배경이 되었다.

  숲은 근원이다. 먹는 것과 숨 쉬는 것은 모두 숲이 있어 가능하다. 식물은 흙과 빛과 물만으로 생명을 이어가는 신비로운 여정을 산다. 우리들 식량은 대부분 이런 활동의 결과물이니, 이들을 먹고 인간은 살 수 있다. 잎사귀마다 수백만 개의 공기구멍에서 나오는 산소로, 우리는 숨 쉬며 산다. 결국 인간의 삶은 숲속 식물로부터 비롯되는 것이다. 기쁘거나 슬플 때, 축하하거나 감사할 때, 우리는 꽃과 나무를 주고받는다. 사람들은 집 앞뒤에 정원을 만들어 보면서 즐거워하고, 동네마다 숲을 만들어 관리하는 데 최선을 다한다. 왜일까? 인간이 숲이나 식물과 함께 있을 때 가장 편하고 행복해지는 것이 본능이라면, 무엇이 그렇게 만드는 것일까?

숲속 식물에도 영혼이 있다. 인간은 자신들의 오감을 통해서만 세상을 알 수 있어, 인간 중심적 사고는 피할 수 없다. 이런 이유로 우리가 식물을 온전히 알기엔 한계가 있다. 아리스토텔레스는 말했다. 식물에도 영혼이 있다고. 우리들처럼 생각하고 느끼며 생명 활동을 한다고. 도무지 알 수 없는 일들이 수없이 벌어지고 있는 숲. 두 발로 걷는 인간은 왜 저리도 분주하게 돌아다니며 무지막지하게 먹어 치우고 아우성처 대는 것인지, 숲속 나무는 의아해하면서도 그저 열매를 맺고 꽃을 피우고 향기를 내보내며 자기 자리에서 말없이 살아간다.

숲은 저절로 그렇게 되살아난다. 호주 원주민은 숲을 살리기 위해 숲을 태웠다. 타서 죽으면, 더 건강하게 다시 태어난다는 것을 알았다. 높고 큰 나무가 모든 잎을 다 태우고 기둥만 남을 때

비로소, 땅 위 구석구석에 햇빛이 찾아들고 새로운 생명이 시작된다. 타고 남은 재가 거름이 된 흙 위로, 이웃 숲의 씨앗이 바람을 타고 오거나 새와 함께 찾아온다. 불처럼 높은 온도가 되어야 딱딱한 열매의 껍데기를 열어주는 '뱅크시아' 나무는, 불에 타 죽음으로서 새로운 삶을 시작할 수 있다. 나무들 틈새가 헐렁해져서 경쟁이 줄어들면, 큰 나무, 작은 나무, 풀이 어우러지면서 다시 건강한 숲이 이루어진다. 불탄 나무는 저절로 사라져 가고, 벌레와 곤충은 저절로 모여든다. 사람에겐 어수선해 보여도, 다양하고 건강하게 숲의 풍경은 그렇게 회복되어 간다. 나무는 죽었으나 땅은 죽지 않았고, 그 땅 위에서 타 죽었던 숲은 다시 살아난다. 저절로 그렇게.

숲에서 일어나는 삶과 죽음은 정해진 운명이다. 죽음 없이는 삶도 없다. 죽음은 삶의 일부분에 불과하다. 모든 잎을 떨어내서 끝마친다고 함은, 그 자리에 다시 새순을 내어 시작한다는 것과 같다. 죽어야 산다. 사는 건 곧 죽어가는 과정이다. 숲에서 삶과 죽음은 동어 반복일 뿐이다. 숲속 살아 있는 것들은 우연히 죽고 또 무질서하게 죽는다. 그렇게 스러지는 풍경은 아름답지도 흉하지도 않다. 단지 알 수 없는 필연이 질서 있게 진행되고 있는 풍경이다. 숲속 살아 있는 모든 것에게 삶과 죽음은, 질서 있게도 전개되고, 무질서하게도 진행된다. 우연히 일어나고 피할 수 없이 찾아온다. 그저 원래부터 정해져 있던 숲의 운명일 뿐이다.

지도, 그 길 위에서

20달러 행복

잘 살고 있는 거죠? 모두

임을옥

서울에서 성장하여 1988년 호주 시드니로 이주했다. 낯선 외국 땅에서 살아가느라 앞만 보고 달려왔다. 그러다 덜컥, 세계를 휘감아버린 '코로나19 폭풍' 속에 갇혔다. 숨 가쁘게 지내던 시간이 갑자기 멈춰지자 지난 세월이 보였다. 아내와 엄마로 보낸 시간 속에 '나'라는 사람은 잘 보이지 않았다. 내가 무엇을 좋아하는지, 무엇을 잘하는지, 앞으로 어떻게 살고 싶은지 말이다. 출근도, 외출도 못 하면서 비로소 책을 읽기 시작했다. 부끄럽지만, 먹고살기 바쁘다는 이유로 책을 멀리하고 살았다. 책 읽는 기쁨이 찾아왔다. 마음에 담은 문장이 잊힐까 필사도 했다. 좋은 글을 읽을 때마다 글을 쓰고 싶다는 생각이 간절했다. 지금은 문학동인 캥거루에서 글을 배우고 있다.

지도, 그 길 위에서

　책장을 정리했다. 손이 쉽게 닿지 않는 맨 위 칸에 있는 책들을 꺼냈다. 책 먼지를 툭툭 털어내고 계속 간직할 건지 버릴지 결정했다. 책장은 제법 깊이가 있어서 끝부분은 어떤 책들이 있는지 알 수 없었다. 두꺼운 책 한 권이 내 손에 잡혔다. '시드니와 블루마운틴 지도책'이었다. '이걸 여태 갖고 있었네……' 얼마나 많이 손으로 펼쳤다 접었다 했는지 모서리가 휘어졌다. 청소용 장갑을 벗고 책을 들었다. 의자 깊숙이 몸을 기대, 한 장 한 장 지도를 펼쳤다.

　이민 초창기 시절이 떠올랐다. 낯선 언어가 밀려오고, 낯선 길이 두려웠던 때, 일상의 모든 것을 이방인으로 겪어내며 막막한 시간을 살았다. 앞으로 나아가야 하는데 길은 보이지 않고 불투명했다. 어디로, 어떻게 가야 할지를 알려주는 지도처럼 내가 가야 할 길도 누군가 알려주면 좋겠다고 생각했다. 핑크빛 꿈을 안고 왔으니 고국으로 되돌아갈 수는 없었다. 모든 주어진 상황을 견디고 이겨내야 했다.

 운전을 배우기 전 지도 읽는 법부터 배웠다. 지도책은 한국에서는 볼 수 없었던 것이라 신기했다. 남편이 운전할 때는 내가 지도책을 보며 가야 할 방향을 정확히 지시해야 했다. 방향을 역으로 읽어서 거꾸로 간 적도 있었다. 길을 잘못 들어서 헤매면 남편과 작은 실랑이를 했고, 결국 남편은 차를 세워 지도를 보고 길을 외운 후 다시 출발했다.
 "방향감각이 없는데 그럴 수도 있지. 당신과 나의 뇌 구조가 달라서 그래."
 남편은 지도 보는데 무슨 뇌 구조 얘기까지 하는지 이해할 수 없다는 표정을 지었다. 어떤 연구 결과에는 길 찾는데 사용하는 남녀의 뇌 부위가 다르다고 한다. 남편은 본능적으로 확실히 공간 지각 능력이 뛰어났다.

 혼자 운전을 하는 날에는 지도를 보기 어렵다. 남편은 미리 지도를 머리에 입력하고 주변에 상징적인 지형물이나 특이한 건물, 또는 주유소의 위치를 기억해서 길을 외워버린다. 그다음에는 지도 없이 찾아간다. 만약 누군가 어떻게 가야 하는지 물어오면 지도책이 머리에 그려진다는 남편은 큰 도로의 이름을 말해주고 쉽게 찾아갈 수 있도록 설명해준다. 나는 지도를 보고도 길을 헤매는 것이 자존심 상했다. 시간이 있을 때는 혼자 책을 펼치고 자주 가야 하는 길이나 동선이 복잡한 길을 외웠다. 당시 지도를 잘 못 보는 사람을 '길치' 또는 '지도치'라 부르기도 했다. 남편의 핀잔이 싫어 시작한 훈련 덕분인지 차츰 지도 읽는 것이 익숙해졌고 재미까지 더해졌다.

시드니를 벗어나면 그 지역에 맞는 지도를 가져가야 한다. 'Visitor Information Centre'는 대부분 큰 도시 입구에 자리잡고 있어서 찾기가 쉽다. 방문객들을 위한 안내와 여러 가지 정보를 제공해 주고 그 마을에서 꼭 들러 보아야 할 곳을 알려준다. 어떤 곳은 지역 기념품을 팔기도 하고, 아이들은 코알라나 캥거루 인형을 손에 쥐고 부모들을 조르기도 한다. 간단한 스낵과 커피, 빵을 팔기도 한다. 마을 안내서와 지도 한두 장을 챙겨서 새로운 길을 찾아가는 여정을 시작하는데 간혹 안내서 직원을 잘 만나면 뜻하지 않게 귀한 정보를 얻는 행운도 있다.

NSW 중서부 배서스트Bathurst 지역을 지나 남쪽으로 한 시간 정도 내려가면 코어라Cowra라는 동네를 만난다. 작은 동네지만 9월이면 온 들판이 유채꽃으로 장관을 이루는 곳이다. 방문객 센터의 직원이 지도를 펼치면서 사람들이 잘 모르는 숨겨진 장소를 형광펜으로 표시해 주고 후회하지 않을 것이라고 했다. 알려준 대로 도착하자, 갑자기 온 세상이 노란빛으로 물들었다. 끝도 없이 광활하게 펼쳐진 노란 들판을 보고 "와~와"하는 탄성만 나왔다. 그 풍경에 빠져들어 함께 갔던 친구들의 존재도 잠시 잊었다. 새로운 세상에 오직 나만 있는 것 같은 착각이 들었다. 봄바람이 꽃을 흔들고 지나갈 때마다 레몬처럼 상큼한 유채 향이 코끝을 스쳤다. 매혹적인 아름다움에 숨이 막힐 듯 가슴이 벅찼다.

지금은 시드니 지도책이 어떻게 나오는지 검색을 해봤다. 『Sydney & Blue Mountains Street Directory 2024 60th』 개정판이 나왔다. 시드니는 2000년대 들어서 많은 신도시가 개발되었다. 개정판은 신도시의 새로 생긴 지역과 거리를 추가했고, 표지도 산뜻하게 밝아졌다. 스트리트 지도와 더불어 주변 교외를 탐색할 유용한 정보를 담았다. 요즘은 내비게이션이 차에 설치되어 있거나, 길 찾기 앱이 휴대전화에 있어 지도책을 찾는 사람은 드물다. 하지만, 장거리 트럭 운전기사나 통신망이 좋지 않은 지역을 여행하는 사람은 지도책이 필수품이다.

아이를 기르고 밤낮으로 일하며 전투적인 삶을 사는 중에도 지도책이 주는 위안이 있었다. 여유 시간이 있으면 지도를 챙겨서 어린 아들과 야외로 나갔다. '바람을 쐬러 나간다'는 것은 일상 속 활력이 되었고, 재충전하는 시간이었다. 찾아간 곳마다 다채롭고 아름다운 자연은 친근한 유대감으로 낯선 이방인을 품어주었다.

이민자로 살아온 지난 세월은 내 보통의 삶을 견고하게 만들었다. 나에게 앞으로 걸어가야 할 길은 얼마나 남았을까. 길은 보이지 않지만 두려움은 없다. 익숙해진 외로움은 친구가 되었고, 낯선 길은 즐거움이 되었으니까. 주어진 인생의 남은 길을 기대하며 잘 걸어가자 다짐해 본다. 주말에는 새로 나온 2024년 개정판 지도책을 사러 가야겠다. 툭툭 털어낸 책 먼지가 늦은 오후 햇살 속으로 춤추듯 날아간다.

20달러 행복

나는 남편과 클리닝 비즈니스를 하고 있다. 지금은 상업용 건물 사업은 남에게 넘기고 홈클리닝만 2~3일 정도 한다. 오랫동안 다른 일로 전환하지 않고 클리닝 비즈니스를 계속할 수 있었던 이유는 전문성을 인정하는 노동의 대가와 더불어 좋은 고객을 많이 만났기 때문이다. 요즘 우리는 새로운 고객을 받지 않지만, 예외는 있다. 기존 고객의 일정이 변경되어 빈자리가 생겼거나, 소개를 해준 고객의 청을 거절하지 못할 때다.

두 달 전에 리처드와 마거릿, 노인 부부 집을 방문해서 홈클리닝 견적을 냈다. 다행히 우리 집과 가까운 곳에 있었고 한 시간 정도 빈자리가 생겨서 일정 조정이 가능했다. 노인 부부는 선하고 편안해 보이는 인상을 가졌다. 첫 느낌이 좋았다. 집 안을 둘러보자 구석구석 물건이 쌓였고 거미줄이 곳곳에 걸려 있었다. 화장실과 부엌도 한동안 손을 대지 않은 듯, 사용하는 공간만 정리되고 오래된 수제 인형들, 낡은 책들, 잡동사니들이 자리를 차지하고 있었다. 대부분 정리정돈이 잘된 집에서 일을 했기 때문에 먼지가 쌓인 집을 보니 낯설었다. 할머니는 오랫동안 찌든 때가 걱정되었는지 집 안을 소개하며 자꾸만 미안해했다.

집 청소는 몸을 쓰는 일이라 노인에게는 힘든 일이다. 안 하고 미루다 보면 어떻게, 어떤 식으로 할지 엄두가 나지 않는다. 본인도 어느 순간부터 감당하기 힘든 일을 맡기려 하니까 미안했던 모양이다. 다른 고객처럼 시간이 얼마나 걸리는지, 어떤 제품을 사용할 건지 등 일반적인 질문도 하지 않았다. 할머니의 선한 성품이 느껴졌다. 제시한 견적도 "Great" 한마디로 받아들였다. 할머니 집은 경험상 정리정돈만 되면 시간도 오래 걸리지 않고 한두 번 청소 후에는 일하기 쉬운 집이었다. 집 크기에 비해 두 분이 사용하는 공간도 적기 때문에 사실상 할 일은 많이 없었다.

아니나 다를까, 첫 번째 방문에 목욕탕 곰팡이는 사라졌고, 싱크대는 반짝거림이 지나쳐 유리알처럼 빛이 났다. 함께 살던 수많은 거미줄도 자취를 감췄다. 스토브의 굳은 때도 벗겨졌다. 온갖 부엌 용품으로 어지럽던 부엌은 정리가 되었다. 기본 청소만 했는데도 집은 완전히 달라졌다. 두 분은 "Amazing!"을 외쳤다. 할머니 얼굴에 웃음꽃이 피었다. 역시 청소는 일상생활 공간을 긍정 에너지로 바꾸는 능력이 있다. 돈도 벌고 기분이 상쾌해지는 좋은 직업이다.

두 번째 방문일, 남편은 거미줄 없애는 긴 장대를 챙겼다. 집안일을 마치고 현관 입구와 주변 거미줄을 없애기 시작했다. 집 바깥일은 견적에 포함하지 않는다. 그것은 순전히 봉사 차원이었다. 들어올 때 남편 눈에 너무 거슬렸다는 거미줄은 2m가 넘는 긴 장대 끝에서 사라졌다. 더운 날도 아닌데 땀까지 흘리며 열심히 했다. 할아버지와 작별 인사를 하고 나오는데 할머니가 일을 마친 남편과 대화를 나눴다. 할머니는 환한 미소로 이 주 후가 기다려진다며 손을 흔들었다.

차에 타자 남편은 상의 주머니에서 20달러를 꺼냈다.
"이게 뭔지 알아? 밖에서 정리하고 있는데 할머니가 나와서 고맙다고 주머니에 넣어주더라. 커피값이라고."
집 안에서 대화 중에 내 눈치를 슬쩍 보며 밖으로 나갔던 할머니 모습이 떠올랐다. 평소 돈은 내가 챙기니까 남편에게만 돈을 주고 싶었던 것 같았다. 남편에게 준 돈까지 내가 가질까 전전긍긍했을 할머니를 생각하자 자꾸만 웃음이 나왔다.
"안 받으려고 하니까 내 주머니에 꽂아주네. 당신은 내 돈 넘보지 마라, 알았나? 돈 터치! 하하하." 남편은 20달러 종이돈을 반 접어 지갑에 넣었다. 집으로 돌아오는 길 내내 웃음을 참을 수 없었다.
"근데 우리 20달러로 왜 이렇게 즐겁지? 2,000달러도, 200달러도 아닌 고작 20달러인데?

남편과 농담을 주고받고 웃다가 이게 이렇게 즐거운 일인가 의문이 들었다. 요즘은 소소한 일에 행복을 느낀다. 나이가 들고 있다는 뜻일까? 치열했던 삶의 흔적을 넘어 육십을 바라보는 나이가 되자 생각과 마음이 유연하게 변해 가는 걸 느낀다. 내가 할 수 있는 일을 꾸준히 하고 좋아하는 사람들과 소통하는 일상이 행복이란 걸 안다.

　20달러, 그 돈을 받아서 행복한 것이 아니다. 받아도 안 받아도 상관없다. 보너스는 따뜻한 할머니 마음이다. 수고에 대한 인정과 감사의 말 한마디에 힘든 노동을 이겨낸다. 삶에서 중요한 것은 누군가의 위안이라고 생각한다. 할머니가 베푼 따뜻함이 피곤한 퇴근길을 웃게 만들었다. 20달러가 준 행복감은 잠깐이었지만 잔잔한 여운을 남겼다. 남편은 그 돈을 쓰지 않고 다른 누군가를 위해 쓰겠다고 했다. 나는 코웃음을 치며 남편을 쳐다봤다.
　'그 누군가가 나라고 이 사람아!'

잘 살고 있는 거죠? 모두

이민 초기, 시드니에서 남쪽으로 한 시간 삼십 분 정도 걸리는 지방 도시에서 몇 개월 거주했다. 근처에 한인 교회가 없어서 일요일마다 한 시간 거리의 울릉공Wollongong 지역 한인 교회를 찾아갔다. 울릉공 대학을 다니는 학생들과 한국에서 온 유학생, 그 가족들과 주변 지역에서 일을 하는 교민들이 대다수였다. 나는 주일학교 교사로 어린아이들과 청소년반을 몇 개월 동안 맡았다.

어느 날, 교회 입구에 들어서자 평소와 다르게 사람들이 모여서 웅성거렸다. 호주 사람들이 모여 있었는데 백인인 부모들과 달리 자녀들은 나와 같은 동양인이었다. 호주 사람들이 한국에서 입양한 자녀들이었다. 해외 입양아들을 그때 처음 봤다. 한국 아이들이 호주 사람들 품에 안긴 모습은 낯설었다. 교회에서는 일 년에 두어 차례 입양아들과 양부모들을 위한 모임을 가졌다. 한국인들과 양부모들은 함께 예배를 드리고 식사를 하면서 친교의 시간을 나눴다. 한국의 문화와 역사, 언어를 체험하고 배우며 한국 사람들과 교제를 위해 적극적으로 참석했다.

예배가 끝나고 식사 시간이 됐다. 식탁에는 잡채와 불고기, 떡 등 한국 음식이 차려졌다. 한국인 사이로 입양아 가족이 자리를 잡았다. 앞자리에는 웃는 모습이 인상적인 호주인 엄마가 여자 아기를 안고 있었다. 6개월쯤 됨직한 아기는 엄마 품에서 계속 울었다. 엄마는 어쩔 줄 몰라 쩔쩔맸다. 옆에 있는 남편도 곤혹스러워 보였다. 공갈 젖꼭지도 물리고 우유도 먹였지만, 모두 소용이 없었다. 아기는 크게 울지도 않았다. 앞에서 지켜보는 내내 불편한 마음이었다. 입양을 보낸 사연이 어떻든지 아기가 호주인 엄마 품에 안긴 것이 속상하고 안타까웠다.

"내가 한번 안아보면 안 될까요?"
내 제안에 엄마는 조심스럽게 아기를 내게 안겼다.
"아기가 우리에게 온 지 얼마 되지 않아서 그런 것 같아요."
우는 아기를 품에 안고 달래기 시작했다. 울음이 그치기를 바라는 간절함은 기도가 됐다. 울음이 길어져서 엄마가 아기를 싫어하면 어쩌나 하는 불안이 들었다. 나는 양부모가 다른 사람과 교제를 나누도록 아기를 안고 일어섰다. 뒤에서 왔다 갔다 하며 아기를 토닥였다. 내 품에서 한국에서 맡았던 누군가의 냄새가 났던 걸까. 서서히 진정하고 나와 눈을 맞췄다.

아기는 '섬집아기'를 작은 소리로 불러주자 귀에 익숙한 듯 울음을 그쳤다. 나는 우유를 먹였다. 엄마는 아기를 다시 품에 안았다. 모임이 끝나고 집에 돌아오는 길, 한국 이름과 비슷하게 '해나'라는 이름을 지었다는 양부모와 아기가 자꾸만 눈에 밟혔다.

양부모들은 몇 개월에 한 번씩 모이는 모임이 자녀들을 위해 부족하다고 생각했는지 입양 아이들과 2주에 한 번 주일학교에 출석하기 시작했다. 서너 살 아이부터 저학년 초등학생들이 양부모와 같이 주일학교에 참석하고 싶다고 했을 때 감당할 자신이 없어서 거절했다. 언어 문제가 제일 컸지만 하루도 쉬지 않고 일을 해야 하는 당시 상황이 힘에 부쳤기 때문이었다. 내 거절에도 부모들은 영어가 아닌 한국어로 하면 더 좋다며 간청했다. 나는 가능한 한 영어는 피하고 싶었다. 그림 그리기, 색칠하기, 만들기와 한글 교재를 준비했고 성경 이야기는 큰 도화지에 그렸다. 양부모들은 교실 뒤쪽에 앉아 자녀들이 따라 하면 잘한다고 손뼉을 쳤다. 뒤에 앉아 있는 부모들과 눈이 마주치면 긴장한 탓인지 진땀이 났다.

잊을 수 없는 아이가 있었다. 사라는 혼자 일어서지도 앉지도 못하는 중증 장애가 있는 아이였다. 엄마는 휠체어 옆에서 사라의 가슴에 흰 수건을 걸고 침이 묻은 턱을 수시로 닦아주었다. 사라는 고개를 똑바로 세울 수 없었다. 그러나 옆으로 기댄 채 노래를 따라 했고, 가까스로 손가락을 들어 의사 표시도 했다. 그럴 때마다 사라 옆에 앉은 엄마는 눈을 크게 뜨고 "Well done(잘했어)" 하고 얼굴에 함박웃음을 띠었다.

"사라가 우리를 웃게 한답니다. 사라의 장애는 문제가 되지 않아요."

사라를 지목해서 무언가 물어보면 특유의 미소로 나를 바라보았다. 그 표정을 잊을 수 없다. 사라를 Angel(천사)이라 부르는 엄마는 왕복 4시간이 걸리는 거리를 오갔다. 친엄마라도 쉬운 일은 아니었다. 사라는 입양 당시는 건강한 아이였다고 했다. 나중에 병을 알게 되었을 때 양부모의 심정은 어땠을까. 나는 부끄럽게도 그 사랑이 진심인지 잠깐 의심하기도 했다. 사라의 현재 모습 그대로를 받아들인다는 양부모의 사랑은 도대체 어디서 온 것인지, 미안함과 감사함의 감정이 매 순간 들었다.

만난 지 얼마 되지 않아서 시드니로 다시 돌아오게 됐다. 기쁨이 컸지만 드러낼 수 없었다. 아이들과 이별을 앞에 두고 심경이 복잡했다. 짧은 시간이었지만 정이 들었다. 아이들은 부모의 도움으로 감사 카드를 적어서 마음을 전했다. 고사리 같은 손으로 최선을 다해서 써낸 글자임을 알기에 마음이 먹먹했다.

이십 대와 삼십 대 후반의 나이가 되었을 해나와 사라는 지금 어떻게 살아가고 있을까. 훌륭한 양부모들의 돌봄이 있다고 해도 입양아로서 정체성의 혼란과 견뎌내야 할 아픔이 있었을 것이다. 그러나 어려운 시간을 잘 통과하고 호주 땅에 깊이 뿌리내리고 살고 있을 거라는 믿음이 있다. 해나와 사라를 자식으로 둔 부모들이 있는 한 말이다. 편견과 상처를 껴안고 살아가는 입양 자녀들과 그 길 위에 함께 걸어가는 입양 부모들께 깊은 감사와 박수를 보낸다.

  잘 살고 있는 거죠? 모두.

술과 아버지

병권

미스터리 노년

정동철

서울대에서 정치학을 공부하고 1997년 호주로 이민 와서 시드니대학에서 국제정치학 석사와 로스쿨을 마친 후 현재 시드니에서 변호사로 일하며 문학동인 캥거루 동인으로 활동하고 있다. 2013년 제15회 재외동포문학상 수필 부문에서 「재스민 쌀과 된장찌개」로 가작 입상했으며 2024년 제2회 시드니문학상 수필 부문에서 「발톱」으로 당선됐다.

술과 아버지

하필이면 대학에 합격한 가장 기쁜 날, 나는 아버지에게 평생 잊을 수 없는 아픔을 남겼을까? 모든 책임을 술에 돌리지 않을 수 없다.

대학 입학시험을 치르고 드디어 합격자 발표날이 됐다. 합격 확인 전화 연결이 잘되지 않았다. 빨리 결과를 알고 싶은데 계속 불통이라 애가 탔다. 급한 성격을 가진 아버지는 당장 나에게 서울로 올라가 합격자 명단을 확인하라고 했다. 나도 급하긴 마찬가지였다. 곧장 '새마을호' 기차를 타고 영천에서 출발해 3시간 30분 만에 서울에 도착했다. 전철과 버스로 서울대 사회대학 현관까지 한달음에 달려갔다. 이미 늦은 오후였다. 떨리는 마음으로 벽에 붙은 합격자 명단을 확인했다. 하나씩 살피는데 떡하니 내 이름이 보였다. 가슴 깊숙한 곳에서 기쁨이 솟구쳤다. 보고 또 봐도 역시 내 이름이었다. 몇 시간 동안 졸였던 마음이 확 풀어졌다. 발뒤꿈치에 용수철이 달려 하늘로 붕 떠오르는 것 같았다.

곧장 아버지께 연락했더니 이미 전화로 확인해 알고 계셨다. 신입생 등록 사항을 알아본 뒤 밤차로 집에 가겠다고 말하고 전화를 끊었다. 합격자 명단 주위에는 정치학과 선배들이 신입생들을 찾고 있었다. 그들은 내게 저녁에 간단한 환영회가 있으니 함께 가자고 했다. 과 선배들과 동기를 미리 만나 두면 학교생활에 도움이 될 것 같았다.

신림동 대학촌에 있는 허름한 학사 주점에 열댓 명이 모였다. 부대찌개로 저녁을 먹고 두부김치 안주에 술판이 벌어졌다. 선배들이 학교생활을 설명하고 신입생들은 자기소개를 했다. 다들 강한 인상을 주려고 하는 행동이 장기자랑을 방불케 했다. 내 차례가 됐다. 나는 "길냇골에서 온 '촌놈'입니다. 잘 부탁합니다."라고 너스레를 떨었다. '길냇골'은 고향 '영천(永川)'의 순우리말이다. 선배들은 재미있는 녀석이 들어왔다며 소주를 권했다. 태어나서 처음 마시는 술이었다. 분위기에 취해 넙죽넙죽 받아먹었다. 그 와중에 고향에 있는 부모님 생각을 아예 하지 못했다. 휴대전화가 없던 시절이라 전화를 하려면 공중전화까지 가야 했다. 그러다가 기억이 희미하더니 어느 순간 불이 꺼지듯 '필름'이 끊기고 말았다.

다음 날 아침 잠에서 깼다. 어제 처음 만난 선배의 자취방이었다. 옷가지가 아무렇게나 흐트러져 있고 입에서 구정물 냄새가 났다. 다른 신입생 두 명도 옆에서 쓰러져 자고 있었다. 선배에게

도대체 어떻게 된 거냐고 물었다. 어젯밤 내가 탁자 위에 올라가 춤을 출 정도로 심하게 취했다고 했다. 전혀 기억나지 않았다. 극도의 긴장이 풀리면서 겁 없이 술을 마시다 사고가 터졌다. 그제야 부모님 생각이 났다. 밤차로 돌아올 나를 기다리고 있을 텐데 어떡하지?

선배가 해장으로 끓여준 라면을 먹고 자취방을 나섰다. 골목에 있는 공중전화로 집에 연락했다. 아버지의 떨리는 목소리가 수화기 너머로 전해졌다. 철이 없어도 어떻게 이럴 수 있느냐? 부모 생각은 조금도 나지 않더냐? 실망과 섭섭함을 담은 말에 잘못했다는 말만 되풀이했다. 기차를 타고 집으로 갔다. 아버지는 상한 마음을 쉽게 풀지 않았다. 이런 식으로 막 행동할 거면 아예 집을 나가라는 매몰찬 말까지 하셨다. 언제나 내 편을 들어주던 다정다감한 아버지의 냉정한 반응에 서운함이 밀려왔다. 아무 일 없이 멀쩡히 돌아왔으면 된 것 아닌가? 무슨 의도가 있는 것도 아니고 단지 술 때문에 벌어진 일인데 하는 반발심이 생겼다.

그날 저녁 말없이 집에서 나왔다. 바로 옆에 있는 초등학교 교정으로 들어가 커다란 소나무 밑에 솔잎을 깔고 누웠다. 이렇게 하룻밤을 자면서 내 불만을 드러내고 싶었다. 누워서 본 하늘에서는 별이 차갑게 빛나고 있었다. 아버지도 아플 것이나 나도 서러웠다. 흘러내리는 눈물을 닦는데 골목에서 나를 찾는 어머니 목소리가 들렸다. 맨정신에 다시 부모님에게 걱정을 끼쳐 드린다는 자책감이 들었다. 벌떡 일어나 옷에 붙은 따가운 솔잎을 털어내고 집으로 들어갔다.

　30년 세월이 흘렀다. 아버지와 나 사이에 처음으로 아픈 골을 만든 술과는 인연이 끊어졌다. 호주로 이민 오면서 함께 마실 친구도 없고 아내의 탄압(?)으로 음주를 이어갈 수 없었다. 그 뒤로 술 때문에 기억이 끊겨 아버지를 까맣게 잊어버렸던 밤과 별로 다르지 않은 이민자의 삶을 살았다. 내가 아이 넷을 키우느라 쫓기듯 사는 동안, 아버지는 아들 걱정에 잠 못 이루던 밤처럼 보냈을 것이다. 그렇게 무심했던 아들도 그사이 50대 중반 아버지가 됐다. 어쩌다 다 큰 아들이 연락 없이 들어오는 날이면 그날 밤 아버지의 애틋한 마음을 헤아리게 된다.

　아버지에게 잊을 수 없는 상처를 준 술은 이제 내 인생에 존재하지 않는다. 술 때문에 아들에게 서운함을 느꼈던 아버지도 더 이상 이 세상에서 만날 수 없다.

병권

"응급실에서 위험하다며 당장 입원하래요."

전화 한 통에 일상이 무너졌다. 아내가 며칠 사이 눈병으로 응급실을 거쳐 안과 전문의에게 정밀 검사를 받았다. 자칫하면 두 눈을 실명할 수도 있다는 말에 현실감마저 상실할 지경이었다. 자기 몸을 황금처럼 귀히 여기는 사람이라 처음에는 과장이 섞였다고 여겼다.

내 안일함을 비웃듯 상황은 긴박했다. 아내는 허겁지겁 택시를 타고 세인트 레오나드 종합병원 응급실로 직행했다. 나도 병원으로 달려갔다. 하지만 신종 코로나바이러스 감염증(코로나19) 제한으로 아내의 얼굴조차 볼 수 없었다. 환자 보호자도 출입이 엄격하게 통제됐다. 생필품과 음식만 겨우 전달할 수 있었다. 할 수 없이 집으로 돌아와 전화로 아내 상태를 물었다. 간호사는 안구가 악성 박테리아에 감염돼 이를 벗겨내야 한다고 했다. 아내는 지난 연말부터 눈이 가렵고 아팠다. 평범한 눈병으로 여기고 방치한 것이 사태를 키운 것 같았다. 여러 번 응급실에 가자고 했는데 내가 그냥 일반의에게 치료를 받으라고 권했다. 처방대로 안약을 몇 주 넣었다가 차도가 없어 응급실까지 가게 됐다.

아내는 시술을 받은 후 3일 동안 눈을 뜨지 못했다. 온통 암흑 상태에서 지내야 했다. 그 시간이 지독하게 외롭고 무서웠던가 보다. 아내는 간호사의 도움으로 전화를 걸었다. 평소와 달리 지칠 대로 지친 중년 여자 목소리가 새어 나왔다. "죽었다가 살아난 것 같다.", "아직도 눈을 뜨지 못해 막막하다."라고 하소연을 늘어놓았다.

아내는 1주일 만에 퇴원했다. 한동안 약물요법과 함께 통원 치료를 받았다. 집에서도 정상 생활을 하지 못했다. 치료 후유증으로 눈이 빛에 민감하게 반응했다. 밤에도 블라인드를 치고 불을 끄거나 조명을 극도로 어둡게 했다. 눈을 보호하기 위해 낮에는 시커먼 선글라스를 끼고 챙이 넓은 모자를 썼다.

아내는 나에게 섭섭한 감정을 숨기지 않았다. 자기가 응급실에 가려고 할 때 왜 말렸냐고 분통을 터뜨렸다. 제때 치료를 받았으면 이렇게까지 힘들지 않았을 거라는 불만이었다. 나도 후회막급이었다. 그때는 누구도 아내가 심각한 안구 감염증에 걸렸다고 예상할 수 없었다. 송곳이 돋은 아내의 말에 나는 의사도 몰랐던 걸 내가 어떻게 알았겠냐고 항변했다.

아프기 전부터 크고 작은 집안일에 아내는 나보다 발언권이 셌다. '엄마 추종 세력'으로 성장한 아이들의 지지는 당연했다. 거기다 아버지, 어머니까지 네 자녀를 혼자 든든히 키웠다며 아내를 우대했다. 눈병이 난 뒤로는 부모님이 아내에게 "맏며느리가 집안 기둥인데 이러면 어쩌나."라는 위로까지 건넸다. 며느리를 '집안 기둥'이라고 하니 옆에 있는 나는 뭐가 되나 싶었다.

 아내는 병자에게만 주어지는 권리, '병권(病權)'을 한껏 누리고자 했다. 온 가족이 병자를 돌보기 위한 목적으로 짜임새 있게 돌아갔다. 병자가 먹고 마시고 싶은 것이 있으면 빨리 사다 바쳤다. 나는 아침저녁으로 안구 건강에 도움이 되는 발 부위를 주물렀다. 통원 치료가 있는 날이면 모든 일정을 미루고 먼저 챙겼다. 아내는 시각이 약해지면서 청각 같은 다른 감각이 예민해졌다. 어쩌다 아이들과 불만을 털어놓으면 어느새 듣고 따지는 탓에 말을 조심해야 했다. 말다툼이 벌어지면 이전보다 더 빠르고 정교한 논리를 펼쳐 좀처럼 당해내기 어려웠다. 아픈 사람이 무슨 말을 그렇게 잘하냐고 볼멘소리를 하면 "눈이 아프지, 입은 멀쩡해."라는 냉정한 답변이 돌아왔다.

"대체 언제 다 나아?"
 아내가 가장 싫어하는 질문이었다. 아내의 치료 일정은 고무줄처럼 늘어나기를 반복했다. 처음에는 2~3주면 된다고 하더니 1~2달을 거쳐 2~3달까지 연장됐다. 병세는 그때그때 다르고 완치 기준은 뚜렷하지 않았다. 예상 치료 기간도 들쭉날쭉했다. 아내가 병자로서 고통을 겪는 모습은 안타까웠다. 하지만 아무리 병자라도 병권을 마구 휘두르는 모습은 독재자처럼 보였다. 아내가 권세를 부릴수록 내 삶은 바쁘고 고단해졌다. 병권도 권력이라고 한 번 잡으면 쉽사리 내려놓지 않는다. 아내가 완전히 건강을 회복하기를 간절히 고대한다. 그때라야 비로소 나도 병권에서 해방될 수 있을 것이다.

미스터리 노년

요즘 내 주위에서는 이해할 수 없는 일이 자주 발생한다. 머리 쓰며 따지기 귀찮아 그저 나이 탓으로 여긴다. 내 나이는 막 50대 중반에서 60대로 넘어가고 있다. 한때 싱싱했던 청년이 초로의 늙은이로 걷잡을 수 없이 변하고 있다. 노화는 몸은 물론 일상생활 모두에 영향을 끼친다. 대체로 짜증 나고, 부끄럽고, 뻔뻔하고, 답답한 감정을 불러일으킨다. 아직 덜 늙은 아내와 주변 사람들은 별로 공감하지 못한다. 혼자만 격랑에 싸여 울컥, 벌컥, 덜컥거리다가 제풀에 잦아들곤 한다.

세면대 거울 앞에 섰다. 마구 자란 눈썹이 눈에 거슬렸다. 한두 가닥 길게 뻗어 나온 게 산신령 흉내라도 내는가 싶었다. 게다가 검은색이 아니라 흰털이라 난감했다. 평균 500개가 넘는 눈썹 가운데 자기 혼자 늙었다고 뽐내는 격이다. 지금은 눈썹도 혈기를 죽여야 할 나이다. 그럼에도 대열을 이탈해 난잡하게 나서는 꼴을 두고 볼 수 없었다. 아내가 강아지 털 깎으려고 사둔 가위를 집어들었다. 개털만 깎으란 법은 없지 않은가. 엄지와 검지에 가위를 걸고 조심스레 길쭉한 눈썹을 잘랐다. 잘린 조각이 하얀 세면대 위로 흩날리며 떨어졌다. 내친김에 눈두덩에 난 잔털까지 깔끔하게 정리했다.

이전보다 훨씬 다소곳한 자태로 자리잡은 눈썹이 보기 좋았다. 마음대로 날뛰지 않고 단정한 곡선으로 눈을 보호하는 임무에 충실했다. 한 달 정도 지났나, 다시 눈썹이 뻗쳐오르기 시작했다. 젊을 때는 없던 현상이다. 나이가 들면 다른 신체 부위는 활력을 잃는데 눈썹만 왕성하게 자라다니 이해할 수 없다.

샤워를 마치고 몸무게를 재려고 체중계를 찾았다. 그 위에 숟가락이 하나 보였다. '누가, 언제, 왜' 거기에 뒀는지 알 수 없었다. 아내와 아이들을 추궁했으나 아무도 자수하지 않았다. 야단 맞을까 두려워 범인은 '모르쇠' 버티기에 돌입한 듯했다. 양심 불량 가족 때문에 집안에 폐쇄회로(CCTV) 카메라를 설치해야 하나 싶었다. 매일 아침 체중계 위에 놓인 숟가락을 보며 '누가, 언제, 왜'라는 질문이 뇌리를 맴돌았다. 범인의 의도는 무엇일까? 체중계는 몸무게, 숟가락은 음식을 상징한다. 그렇다면 날씬한 몸매를 위해 다이어트를 하라는 무언의 메시지를 담고 있는 게 아닐까? 아무튼 범인이 나서지 않으니 확인할 수 없었다. 어느 날 체중계 위에 있던 숟가락이 홀연히 사라졌다. '누가, 언제, 왜' 치웠는지는 끝내 풀리지 않은 미스터리로 남았다.

화장실에 있는 치약은 늘 하염없는 동정을 불러일으킨다. 밑에서 돌돌 말면 편할 텐데 아이들은 꼭 좌우로 비틀어 짜는 걸 좋아한다. 치약은 무슨 처절한 운명을 타고났기에 마른 북어처럼 배배 꼬인 채 말년을 보내야 할까? 어떻게든 펴보려고 해도 워낙 심하게 꼬인 터라 잘되지 않았다. 아이들에게 굳이 치약을 고문하듯 거칠게 다룰 필요가 있냐고 물었다. 아이들은 세로보다 가로로 짜는 게 더 편하다고 답했다. 나로서는 마치 외계인의 행동처럼 이해할 수 없었다. 뒤틀린 치약을 볼 때마다 하염없이 처연하게 느껴진다.

최근 들어 "참 열심히 먹는다."라는 말을 많이 듣는다. 누군가는 "복스럽게 먹는다."라고도 했다. 20대 초반에는 음식을 '혐오'할 정도로 먹는 걸 귀찮아했다. 중년이 되면서 나도 모르는 새 음식에 대한 태도가 달라졌다. 남들 눈에 집요하게 보일 만큼 진심으로 먹어대는 아저씨가 된 것이다. 어떤 뚜렷한 계기가 있는 건 아니다. 노년을 앞두고 매 순간 열심히 살자고 결심했는데 이런 생각이 은연중 먹는 데에 적용된 것 같다. 몸은 열심히 먹는데 그런 내 모습이 영 어색하다. 이리저리 궁리해도 왜 이런 변화가 온 것인지 도무지 알 수 없다.

키가 172cm인 나는 180cm 넘는 아들 셋과 함께 아파트 승강기에 타면 큰 나무들에 둘러싸인 듯한 느낌을 받는다. 아이들이 어릴 때는 둘이나 등에 업고 당당하게 일어서던 괴력(?)의 소유자였다. 지금은 키 큰 아들을 보면 '큰 형님' 같아 보살핌을 받고 싶은 마음이 불쑥 들기도 하는 아담한 중년 아저씨가 됐다. 문제는 내가 나서서 말하지 않으면 누구도 내 사정을 알아주지 않는다는 것이다. 심지어 대놓고 말해도 다들 별일 아닌 것처럼 넘겨 버리기 일쑤다.

대장내시경 검사를 받았을 때다. 가족 가운데 아무도 결과를 묻지 않았다. 아침에 막내 아들 보고 아빠 내시경 검사받았어, 하며 간절한 눈빛을 보냈다. 아들은 저 학교 가요, 라며 서둘러 집을 나갔다. 멀어져가는 아들을 바라보는데 무언가 뜨거운 게 목구멍에서 솟아올랐다. 자존심을 굽히고 누웠는데 절을 받지 못한 셈이다. 이런 식으로 아이들에 대한 기대가 무너질 때마다 서러움이 밀려드는 것을 어찌할 수 없다. 같은 일이 반복되는데 왜 매번 헛된 기대를 하는지 모르겠다.

늙어갈수록 이상한 일을 만나면 뇌는 곰곰이 생각하기를 귀찮아한다. 그냥 나이 탓으로 치부하는 경향이 강해지는 것 같다. 앞으로 내가 제대로 이해하지 못하는 현상은 점점 더 많이 발생할 것이다. 그렇다면 내 남은 노년은 온통 미스터리로 뒤덮이지 않을까?

갠지스강

안녕, 쿠스코

12월의 로바니에미

박새미

서울에서 태어나 시드니에서 28년째 거주 중이다. 대학 시절 치의학을 전공하여 15년째 치과의사로 일하고 있다. 한국과 호주, 두 나라를 사랑하지만 그 어디에도 온전히 속하지 못한 '반쪽이'로 살고 있다. 여행하며 영감을 얻고, 사유하는 것을 좋아한다. 2020년 계간지『창작산맥』에서 수필로 신인상을 받으며 등단했고, 2022 영남일보 달구벌 문예대전에 입상했다. 2023년『문학과 시드니』에서 제1회 시드니문학상(수필 부문)을 수상했다. 현재 문학동인 캥거루 동인으로 활동하며 꾸준히 글을 쓰는 중이다.

갠지스강

 갠지스의 일출은 분주하다. 시작이 이른 이곳. 다섯 시 반이라는 시각이 믿기지 않을 정도로 눈부시게 반짝인다. 공기 세포 하나하나가 강렬하고 선명하게 살아 숨 쉰다. 해가 점점 떠오르자 출렁이는 황금빛 물결의 잔상이 커진다. 강 한편으로는 보트 위에서 잠을 자는 청년이 보이고 타이어를 끼고 멀리서 헤엄치는 꼬마들도 보인다. 크리켓(cricket)하는 동네 청년들 옆에는 명상하는 사두(인도 종교인)들, 혹은 사두를 사칭하는 사람들과 빨래하러 강가로 나온 여인들이 있다. 갠지스는 이들의 삶이 시작되는 곳이다.
 한 시간 남짓 지났을까, 이제 겨우 일곱 시가 되어갈 뿐인데 햇볕은 뜨겁다 못해 따가워졌고 사람들은 몇 배나 많아졌다. 잠을 자던 보트 위 소년도 햇빛의 방향에 따라 자세를 바꾼다. 꼼지락대며 일어나는가 싶더니 이내 다시 자리를 잡는다. 뒤척이는 뒷모습에서 망설임이 느껴진다. 일어날까 말까. 몸을 일으켜 졸린 눈으로 한참을 앉아 다른 이들을 멍하니 지켜보다 결국 다시 쓰러지고 만다.

갠지스에 머무는 동안 하루에도 몇 번씩 종소리와 함께 "라마신은 죽지 않는다."라는 소리가 들려온다. 그럴 때면 귓가를 파고드는 종소리를 따라 공기마저 멈춰버린 듯 나도 모르게 숨을 참곤 한다. 곧이어 뒤따르는 망자와, 그를 옮기는 행렬이 보인다.

주렁주렁 장신구를 매달고 형형색색의 천으로 감싼 시신도 있는가 하면 흰 천에만 감싸져 있는 시신도 있다. 수십 명의 가족이 긴 행렬을 이루며 뒤따르기도 하고, 시신을 운반하는 이 외에는 아무도, 심지어는 주위의 시선조차 뒤따르지 않는 쓸쓸한 뒷모습도 보인다. 쉽게 익숙해질 것 같지 않은 풍경이다. 온몸에 소름이 돋는다. 나도 모르게 눈가에는 살짝 뜨거운 눈물이 고인다. 점점 종소리가 멀어짐을 느끼며 온몸의 세포들도 서서히 긴장감을 풀어간다. 죽음이라는 추상적인 존재가 손끝을 스쳐 지나가는 순간이다.

화장터에서는 장작이 끊임없이 타고 있고 매운 연기가 피어오른다. 쓰레기나 종이 타는 냄새와는 확연히 다르다. 24시간 꺼지지 않는 불 옆에는 실려 오는 망자와 이 생소한 구경을 놓치고 싶어 하지 않는 사람들의 발길이 끊이질 않는다. 다소 들뜬 관광객들과는 대조되게 재를 퍼 나르는 사람들은 묵묵히 자기 일을 할 뿐 눈빛이나 손짓에 어떠한 감정도 드러나지 않는다. 반복되는 행위에 기계적인 움직임만이 존재할 뿐이다. 쉬는 시간에는 서로 농담을 나눌 정도로 이들에게는 익숙한 생활의 패턴이다.

화려한 색의 천을 두른 시신이 들어오는 것이 보인다. 높은 카스트의 사람이다. 뒤따라 들어오는 홑겹의 천에 쌓인 시신 역시 그의 신분을 둘러 알려주고 있다. 잠시 후 화장터 계단으로 내려가고 나면 감싸고 있는 것 전부가 벗겨진다. 모든 시신이 흰 천 한 겹만 두른 채 장작더미 사이에 눕혀지고 나니 신분의 차이는 무의미한 것이 되어버린다. 마지막에 돌아갈 때는 모두 처음 그대로, 아무것도 없던 모습으로 되돌아간다. 세 시간이 지나면 잿더미가 되어버린다. 이제 그 잿더미의 신분은 아무도 알지 못한다. 마지막으로 강물에 흘려보내지고 나면 서서히 사람들의 시선에서도 사라진다.

이제 갓 돌이 지난 내 둘째는 팔삭둥이다. 원인 모를 이유로 한 달 반이라는 시간을 기다리지 못하고 먼저 세상에 태어났다. 진통할 때도 출산할 때도 몸에서 일어나는 그 어떤 것도 제어할 수 없었다. 마음 같아서는 조금 더 뱃속에 붙잡아두고 싶었지만, 애타는 마음과는 다르게 몸은 아이를 세상으로 밀어내고 있었다. 아이가 태어나고 정확히 이틀 뒤 한국에서 전화가 걸려 왔다. 외조부가 교통사고로 갑작스럽게 세상을 떠났다는 소식이다.

한 생명이 이 세상에 태어나고, 또 다른 생명이 자취를 감추는 데 과연 우리가 할 수 있는 일은 무엇이 있을까? 물이 흐르듯, 바람이 불어오듯, 햇살이 비추듯, 자연스러운 세상의 법칙에 인간의 탄생과 죽음은 그다지 특별할 것이 없다. 때가 되어 오고, 때가 되어 떠난다. 무기력하리만치 나약한 존재의 의미에 가슴이 시리기도, 마음이 놓이기도 한다. 숨이 멎는 순간에도 강물은 계속해서 낮은 곳을 향해 흘러간다.

그러나 그것이 가족 혹은 가까운 벗의 이야기라면 그렇게 쉽게 말할 수 있을까? 세상을 떠나는 자와 그를 보내는 주변 사람들에게는 함께한 추억이 여운으로 남아 보이지 않는 형태로 한참이나 머물게 된다. 실체 없는 그리움이 삶을 일으키기도, 무너뜨리기도 한다. 그렇기에 죽음이란 그리 간단하지만은 않다. 비록 눈을 감았을지라도 그 사람의 온기가 주변인들의 마음을 아직 데워주고 있다.

눈을 감는 순간까지가 내가 소유한 시간의 끝이라면, 저 계단을 내려가 한 줌의 재가 될 때는 다른 이의 마음속으로 소유권이 넘어가 버린 뒤다. 그들의 기억 속에서 내 존재가 완전히 잊힐 때가 이 세상에서의 시간이 진짜로 끝나게 되는 순간이 아닐까? 그렇기에 어떠한 여운을 얼마나 오랫동안 남기게 될지가 얼마나 '잘' 살았는가에 대한 답변이 아닐는지.

숙소의 옥상으로 올라 떠오르는 해와 함께 하루를 맞이한다. 강마다 저마다의 풍경이 있다. 이곳에선 한강의 모습도 보이지 않고 센강의 모습도 보이지 않는다. 같은 시간과 장소에 있더라도 어제와는 다른 흐름이 존재한다. 서로 다른 풍경 속 사람들이 각자의 움직임으로 강물에 추억을 흘려보낸다.

안녕, 쿠스코

비행기에서 내려 오랜 시간 버스를 타고 또 택시에 오른다. 한참 큰길을 지나 좁고 구불구불한 동네 길로 진입하자 심장이 두근거린다. 낯선 곳에 대한 설렘일까. 쉽사리 가라앉지 않을 들뜬 감정을 애써 눌러가며, 마을 생김새를 눈에 담는다. 페루, 쿠스코. 되도록 집에서 가장 먼 곳으로 떠나고 싶었다.

이곳은 구름 속 요정 마을 같다. 드라마 세트장 같기도 하고 언젠가 엽서에서 본 사진 같기도 하다. 산언덕 위 층층이 쌓인 집들과 돌길, 오래된 유럽풍 성당이 이국적이다. 풍경에 시선을 빼앗겨 잠시 넋을 놓고 있다 보니 몸이 이상하다. 심장은 박동수가 빨라지고 숨이 점점 거칠어진다. '괜찮은 걸까?' 택시에서 내려 무거운 배낭을 어깨에 멘 채 방향을 가늠해 본다. 숙소는 돌계단을 몇 십 개쯤 올라야 하는 언덕에 있다.

첫발을 내딛는데 무언가 심상치 않다. 한 계단 두 계단 오를수록 호흡이 가빠진다. 살짝 현기증도 난다. 서둘러 숙소로 가서 몸을 뉘고 싶지만 빨리 걸을 수가 없다. 그제야 지금 이곳이 해발

3,800m라는 것이 실감 난다. 머리로는 쉬이 가늠할 수 없는 높이지만 몇 발짝 떼어보면 금세 부족한 산소가 온몸으로 느껴진다. 한 발짝, 한 발짝 무거운 발걸음을 떼며 느릿하게 스쳐 가는 마을 풍경을 잠시 흘려보낸다.

코카잎을 우려낸 차를 한 모금 삼키고 숨을 깊게 들이마신다. 숨을 연달아 쉬어도 답답한 느낌은 나아지질 않고 정신은 몽롱하다. 감각이 둔해질수록 두려움은 커져만 간다. 과연 내일 떠날 수 있을까.

오늘이 지나면 3박 4일 잉카 트레일 대장정이 시작된다. 3일간 배낭을 멘 채 55km 자전거 라이딩과, 40km 트레킹 후 마추픽추 정상까지 도보로 오르는 까마득한 코스다. 하루 대부분을 걷고 또 걷는 수행 같은 일정을 위해, 작은 배낭에 3주간 필요한 짐을 모두 챙겼다. 중간에 짐을 내려놓을 곳도, 맡길 곳도 없기 때문에 필요하다고 생각되는 것들로만 단출하게 꾸렸다. 가벼운 티셔츠 몇 장, 바지 두 벌과 세면도구, 잠옷과 수건, 신고 있는 운동화와 슬리퍼 한 켤레. 그리고 작은 디지털카메라와 일기장. 책은 적당한 두께로 한 권만 가져왔다. 평소라면 챙겼을 근사한 원피스와 구두도 이번 여행에는 넣지 않았다. 망설임 끝에 가장 무게가 많이 나가는 침낭과 얇은 패딩 하나를 더했다. 여권과 항공권, 초콜릿은 어깨끈이 달린 작은 보조 가방에 넣었다.

여행을 준비할 때면 나라는 사람을 자세히 들여다보게 된다.

꽉 채운 배낭 속에서 빼도 괜찮다 싶은 것들을 하나씩 빼다 보면 정말 중요한 몇 가지가 남는다. 마지막까지 남는 것은 역시 카메라와 펜, 일기장이다. 다른 것들은 없으면 불편하지만, 날 불안하게 만들진 않는다. 오히려 없으면 불편하다고 생각하던 것들이 거추장스러워지기도 한다. 이번 여행 가방엔 꼭 필요한 것들로만 채우자고 결심했다. 날 살게 하는 것들로만.

잉카 트레일의 여정이 시작되자마자, 예감이 틀리지 않았다는 것을 직감한다. 높은 고도에서 짧아진 호흡과 빠르게 뛰는 심장은 작은 배낭의 무게조차 감당하기 힘들다. 관성에 의해 팔다리가 자동으로 움직일 때까지 걷는 행위에만 몰두한다. 뒤처지지 않기 위해 온 힘을 다한다.

어깨와 등은 물론, 배낭을 고정한 허리까지 옷이 흠뻑 젖어 연신 흐르는 땀을 닦아내기에 바쁘다. 불필요한 대화는 생략한 채 그저 한 걸음 앞만 주시한다. 미끄러지지 않기 위해, 발을 헛디디지 않기 위해, 발끝만 바라보며 걷다 보면 온 신경이 오롯이 몸의 움직임에만 집중된다. 세상에 홀로 있는 느낌. 터질 듯 쿵쾅대는 심장 소리와 빨갛게 달아올라 열을 내뿜는 얼굴이 내가 완벽히 이곳에 존재한다고 외치고 있다. 순간에 온전히 존재한다는 것이 얼마나 가슴 벅찬 일인지 가슴으로 느낄 수 있다. 숙소에 짐을 풀고 나서야 긴장이 풀리며, 하루 동안 정리하지 못한 감정들이 물밀듯 쏟아져 내린다.

이튿날 오후가 되자 물 두 병을 두고 깊은 고민에 빠진다. 벌컥벌컥 마셔 무게를 줄일 것인가, 조금씩 목을 축여가며 용변을 참아야 하는 불상사를 막을 것인가. 줄이고 줄여 싼 배낭인데, 어깨가 가벼워질 수 있다면 남은 기간 아무것도 없이 여행해도 좋다고 생각한다. 없으면 불안하다고 여겼던 것들조차 홀가분하게 털어버릴 수 있을 것 같다.

오솔길과 숲길, 기찻길과 언덕길은 여러 형태의 기쁨과 고난을 준다. 바람이 살랑 불어와 땀을 식혀주는 순간 고개를 들어 주변을 눈에 담는다. 강렬한 숲 내음을 숨껏 들이마시며, 가방을 잠시 바닥에 내려놓는다. 가볍다. 후련하다. 시원하다. 행복하다.

마지막으로 이렇게 홀가분한 기분을 만끽한 것이 언제였을까? 쳇바퀴처럼 도는 일상이 멈출까 봐 부지런히 달리고 또 달렸다. 굴레에 갇힌 햄스터가 된 줄도 모르고, 적당한 보상에 만족하며 삶을 의미 없는 것들로 채웠다. 보이는 것이 곧 증명하는 것이라 착각하며 겉을 치장했다. 그러나 그 많은 것들은 과연 무엇을 위해 존재하는가. 나는 그로 인해 행복한가? 행복에 대한 원초적인 질문이 집요하게 가슴을 파고들었다.

이 순간만큼은 건강한 두 다리와 맑은 정신으로 충분하다. 또렷한 눈과 튼튼한 폐가 있어서 다행이다. 마지막까지 내려놓지 못했던 일기장과 펜, 카메라조차도 벼랑 끝에서는 짐덩이에 불과하다. 온전한 홀가분함을 느낀 후 다시 들어 올리는 가방은 더욱 무겁다.

비우고 비우다 더는 비울 수 없게 된 순간 나는 내가 감당할 수 있는 무게를 알게 된다. 채우는 것에서 오는 충만함은 제자리에 머물러 있을 때만 유효하다. 가만히 있을 땐 무겁지 않았던 것들이, 앞으로 나아가야 할 때는 커다란 추가 되어 어깨를 짓누른다. 나를 지탱한다고 믿었던 것들이 실은 내가 앞으로 나가지 못하는 이유가 될 때, 모든 걸 내려놓기로 한다.

그날 이후, 여행하는 동안 카메라를 들지 않았다. 일기장에 한 마디 말도 적지 않았다. 어렴풋한 기억만 남을지라도, 추억에조차 얽매이지 않기 위해, 오직 순간에만 머물렀다.

그렇게 페루를 가슴에 담았다.

12월의 로바니에미

　12월이 되면 누구나 화이트 크리스마스를 꿈꾼다. 하얗게 내려앉은 눈은 세상을 동화처럼 물들이고, 사람들은 첫눈이 언제 내릴지, 크리스마스에 눈이 올지 기대 섞인 이야기를 주고받는다. 거리마다 울려 퍼지는 캐럴과 빨간 구세군 냄비는 흰 눈 위로 반짝이는 온기를 더하고, 그렇게 입혀진 설렘은 크리스마스를 더욱 특별하게 만든다. 물론 이것은 북반구 사람들의 이야기일 뿐이다. 12월이 한여름인 이곳 남반구의 크리스마스는 사뭇 다르다. 강렬한 태양과, 반짝이는 바다, 뜨겁게 익어가는 바비큐와 시원한 맥주가 크리스마스 풍경을 대신한다.
　20년 전 시드니는 북반구에서 온 십 대 소녀의 감성과는 거리가 멀었다. 크리스마스 캐럴은커녕 개미 한 마리도 보이지 않는 땡볕을 걷다 보면 오늘이 크리스마스인지 지구 멸망의 날인지 알 길 없었다. 스마트폰도, 인터넷도 없던 시절이었다. 할 일 없는 오후, 창밖으로는 한여름의 열에 들끓는 아지랑이만이 피어오르고, 축 늘어진 카세트테이프에서는 'I am dreaming of a White

Christmas……'가 끈적한 공기를 타고 흘러나왔다. 한국을 떠나온 설움까지 복받쳐 눈물이 차올랐다.

그때부터였을까. 화이트 크리스마스에 대한 낭만은 마음속에 차곡차곡 그리움의 형태로 쌓여 로망이 되었고, 그 로망은 대를 건너 아이들에게까지 전달되었다. 눈은 태어나서 본 적도 없고, 크리스마스에 바닷가에 가는 것이 최고 즐거움인 아이들이 화이트 크리스마스를 꿈꾸기 시작한 것은 순전한 주입의 결과였다.
첫째가 초등학교 3학년에 들어서자 더는 미룰 수 없던 엄마와 아빠는 비밀리에 로망을 현실로 만들 준비에 돌입했다. 최대한 극적인 방법으로, 최고의 순간을 맞이하기 위하여. 우선 크리스마스 6개월 전부터 산타 할아버지에게 편지를 쓰는 것으로 신호탄을 쏘아 올렸다. 우체국에 가서 '산타클로스 마을'로 편지를 보내 아이들에게 산타는 실존한다는 메시지를 무의식에 심어주었다. 그 전에 몰래 편지를 꺼내 보아 아이들이 원하는 선물을 파악하는 것도 잊지 않았다. 12월 22일, 아이들의 기억에서 산타 할아버지의 편지가 잊힐 무렵, 핀란드행 비행기에 몸을 실었다. 30시간에 걸친 대장정의 시작이었다.

시드니에 사는 것이 서러운 두 번째 순간이 있다면 그것은 바로 여행을 떠날 때다. 어쩜 이렇게 큰 땅덩어리가 홀로 지구 남쪽에 툭, 하고 외롭게 떨어졌을까. 계절을 넘고 시간을 건너 이틀 만에 우리는 북극권에 있는 공식 '산타 마을'에 도착했다.

산타 마을은 핀란드 북쪽 라플란드 지방의 로바니에미라는 작은 도시에 있다. 수도 헬싱키에서 한 시간 반 국내선 비행기를 타야 도착할 수 있는 이곳은 공식적으로 산타 할아버지와 할머니가 사는 곳이다. 눈이 보고 싶었던 것인지, 산타 할아버지를 만나고 싶었던 것인지, 크리스마스 캐럴이 듣고 싶었던 건지 따져보지 않았다. 크리스마스에 있을 수 있는 가장 낭만적인 장소가 있다면 이곳이 아닐까, 생각했던 것이 전부다. 내게 로망은 꿈꾸는 것이 아닌 실행하는 것이다.

비행기에서 내려 공항 밖으로 나가는 순간까지, 곁눈으로라도 눈(雪)을 보지 않도록 일부러 시선을 가두었다. 아이처럼 들뜬 마음을 끌어안고, 기대를 한껏 쌓아 올렸다. 그리고 밖으로 나왔을 때 한꺼번에, '와-'. 적막 속에 아련한 흰빛이 사방을 가득 메웠다. 어슴푸레한 새벽녘의 푸르름과 빼곡한 침엽수를 덮고 있는 순백의 눈이 주는 압도감에 바로 눈을 감았다. 환상과 그리움의 경계에 존재하던 20년 만에 마주하는 풍경. 첫 모습 그대로 마음에 담기 위해 감은 눈에 질끈 힘을 줬다. 영하 40도의 폐를 찌를 듯이 날카롭고 차가운 공기마저 상쾌했다. 영원히 머무르고 싶은 순간이었다. 하지만 우리는 산타를 만나러 가야 했다.

안타깝게도 그날 저녁 산타 할아버지는 우리가 미처 집무실로 찾아가기도 전, 전 세계 아이들에게 선물을 배달하기 위해 로바니에미를 떠났다. 유튜브에서 생중계된 산타 할아버지의 밤마실은 잠시 우리를 절망에 빠뜨렸지만, 태어나 처음 보는 새하얀 눈의 마법에 홀린 아이들은 크게 개의치 않았다. 오히려 자신들의 선물은 시드니로 향하고 있을지도 모른다며 우리를 안심시켰다. 다음 날, 선물 배달을 모두 마친 산타 할아버지가 로바니에미로 무사히 돌아왔고, 엄마의 철저한 계획하에 할아버지에게서 직접 원하는 선물을 받게 된 아이들은 생애 가장 따뜻한 영하 40도의 크리스마스를 보냈다.

  일주일간 우리는 네 명의 어린아이들이 되어, 달리는 허스키가 끄는 썰매를 타고 눈길을 가로질렀다. 오로라 사냥을 떠나 달빛 아래서 순록 소시지와 마시멜로를 구워 먹고, 산타 할머니의 별장에 가서 할머니가 구운 파이와 따뜻한 전통차를 마셨다. 루돌프가 끌어주는 썰매를 타고 있자니 전날 밤 먹은 순록 소시지가 생각나 미안한 마음이 들었지만, 곧이어 눈앞에 분변을 후드득 떨어뜨리며 유유히 걸어가는 그를 보자 용서받은 기분이었다.

  지구 최북단에 있는 맥도날드에서 시나몬 롤과 블루베리 주스를 마시고 밤새 수북이 쌓인 눈 언덕에서 미끄럼틀을 타며 나머지 시간을 보냈다. 자작나무숲을 등지고 하늘에서 갓 떨어진 눈 위에서 스키를 타고, 몸이 추워지면 크림을 듬뿍 올린 핫초콜릿을 마셨다. 이곳에서는 하루에 고작 세 시간 동안만 해가 뜬다는 사실조차 낭만적이었다. 새벽빛의 푸른 어둠과 눈발 섞인 공기가 하루를 지배했고, 몇 시인지 알 수 없어 우리의 시간은 크리스마스에 줄곧 머물렀다.

시차 때문에 저절로 눈이 떠지는 새벽이면, 창밖으로 달빛이 어린 눈 쌓인 거리가 보였다. 그 위로 소리 없이 떨어지는 눈송이들이 아련했다. 낯선 곳에서 향수를 느끼는 것이 가능한 일일까? 처음 본 풍경에서 사무치는 노스탤지어를 느꼈다. 고요함 속에서도 요동치는 감정들에 쉽게 마음이 진정되지 않았다. 그래. 우리는 시간여행을 떠나온 것이다. 우리의 추억은 장소가 아닌 마음에 있었다. 한국을 떠나며 마음 깊이 묻어둔 그리움을 지구 반대편에서 조심히 꺼내어 어루만졌다. 그 안에 깃든 어린 시절 순수했던 나와, 오래도록 결핍을 끌어안고 살던 나, 그리고 떠나온 지금의 내가 모두 한데 엉켜 있었다. 내가 부러워한 것도, 그리워한 것도, 그토록 갈구하던 것도 결국 나, 그저 나, 겨우 나였다.

이제는 로바니에미의 추억이 더해질 그것을 다시 고이 넣어둘 시간이다. 언젠가는 아이들도 오늘의 그리움을 꺼내 보겠지. 새벽 첫눈을 한입 가득 베어 물고 강아지처럼 눈밭을 뒹굴던 순간의 환희를. 허스키와 함께 아무도 밟지 않은 설원을 달릴 때 차가워진 두 뺨을 간질이던 머리칼의 촉감을. 코가 빨개지고 발이 꽁꽁 얼어도 포기할 수 없던 스케이트의 날이 얼음을 삭삭 가르던 겨울의 경쾌한 소리를. 네가 과거의 '나'를 기억할 때 오늘이 떠오르면 좋겠다.

40도 무더위가 기다리는 시드니로 돌아가는 마음이 무겁다. 이곳의 추억이 덧입혀진 그리움의 무게, 딱 그만큼 더. 이제 우리에게 12월은 여름이고 겨울이자, 바닷가이고 설원이며, 빛이고 어둠이다.

둥근 달 속의 캥거루

DMZ 발전병

아임 낫 유어 맘

장석재

충남 예산에서 태어나 7살 때부터 서울에서 성장했으며, 대림그룹에서 20년 근무 후 1997년 호주 시드니로 이주했다. 시드니에서 Weir Warman, Bucher 등의 회사에서 20여 년간 철강노동자로 일했다. 1991년 그림책 『고목나무가 살아났어요』를 발간했다. 1996년 계간지 『창작수필』 여름호 신인상을 받았다. 2015년 수필집 『둥근 달 속의 캥거루』를 출간했다. 2012년 제14회 재외동포문학상 수필 부문 대상을 받았고, 2022년 강원일보 〈DMZ 문학상〉 수필 부문에 입상했다. 현재 문학동인 캥거루 동인으로 활동하고 있으며, 시드니한국문학작가회 대표를 맡고 있다.

둥근 달 속의 캥거루

캥거루들이 관람객들과 함께 어울려 자유롭게 돌아다니고, 아이들이 뒤를 따라다닌다. 엄마들이 어린 캥거루와 자신의 아이들을 사진틀 속으로 모으고 있다.

호주 원주민 말로 '나는 몰라요'라는 뜻을 갖고 있다는 캥거루, 구석구석에 설치되어 있는 캥거루들의 은신처가 보인다. 그곳엔 비교적 연륜이 쌓여 보이는 어미 캥거루들이 허리를 곧추세우고 떡 버티고 앉아 있다. 한 어미 캥거루 주머니에는 조그마한, 내 주먹 덩이만 한 새끼 캥거루의 머리통이 보인다. 사람들이 뜸해지니 새끼가 어미 주머니 속에서 머리를 쏘옥 내밀고 이리저리 둘러본다. 두리번거리던 새끼는 살짝 밖으로 나온다. 조금 가까이 가려고 한 발을 뛰는 순간, 눈 깜짝할 사이 다시 어미 주머니 속으로 쏙 들어간다. 아마도 새끼들은 저 어미의 주머니 속에 들어가면 평안해지나보다. 아픈 새끼도 어미의 주머니 속에 들어가 어미 배에 새끼 배만 맞대면 모든 아픔이 치료된다는 캥거루 요법이 눈에 보이는 듯하다. 얼마 전, 이곳 시드니에서 쌍둥이를 조산

한 '케이크 오크'라는 이름의 산모가 두 아기 중 한 명이 숨을 쉬지 않자 자신의 알몸 위에 올려놓고 서로의 배꼽을 맞춘 후, 심장 소리를 들려주는 캥거루 요법을 사용해 두 시간 만에 아이를 기적적으로 살려냈다는 신문 기사의 '캥거루 요법'이 실감 나게 다가온다.

십여 분 걸어 안으로 들어서니 야생 캥거루들이 모여 사는 넓고 넓은 야산이다. 사람이 옆에 다가서도 별 반응 없이 저들끼리 어울려 지낸다. 복싱 선수 같은 포즈로 서로 주먹질을 하기도 한다. 큰 캥거루의 암, 수는 쉽게 구별이 된다. 수컷은 생식기가 뚜렷하게 나타나고, 암컷은 수컷의 생식기 부위에 커다란 주머니가 달려 있다. 어미 주위에서 옹기종기 모여 있던 새끼들 중 한 마리가 앞의 두 발을 먼저 어미 캥거루 주머니에 넣더니 순식간에 주머니 속으로 사라진다. 한참 후 살며시 나온다. 잠시 후 또 다른 새끼도 두 발을 주머니에 먼저 넣고 캥거루 주머니 속으로 들어간다. 같은 새끼들인지 모르지만…….

날이 저물어 오기에 돌아오는 버스에 올랐다. 버스 안의 손님은 반도 안 찼다. 나는 운전석 바로 뒤에 앉았다. 버스 출발 십여 분이 지났지만 아직도 캥거루 랜드를 벗어나지 못했다. 어두워지는 모퉁이를 돌고 있는 순간, 버스가 급정거하는 바람에 내 머리는 운전석 뒷부분을 받았다. 머리가 얼얼했다. 뒤의 승객 중에도 짧은 비명이 들렸다. 정신 차리고 앞을 보니 차에 무언가 받혔다. 육중한 체격의 운전기사가 안전벨트를 풀고 내려가며 휴대전화로 통화를 한다. 버스의 헤드라이트는 그대로 켜져 있다. 자세히 보니 버스에 받혀 나가떨어져 있는 것은 커다란 캥거루이다. 캥거루가 어두워지는 순간 밝은 헤드라이트를 보고 달려들었는지 아니면 길을 건너는 캥거루를 운전기사가 발견 못 하고 받아쳤는지는 알 수 없다.

운전기사는 휴대전화를 주머니에 넣고 커다란 캥거루를 질질 끌고 길가 숲으로 옮겨 놓는다. 아스팔트 위에는 검붉은 캥거루의 피가 흔적을 남기고 있었다. 돌아온 기사는 다시 휴대전화를 통해 상황을 설명한다. 설명 중에 베이비 캥거루가 있는 것 같다고 하는 소리가 들린다. 나는 갑자기 궁금증이 발동되어 무작정 내렸다. 버스 기사는 두 손을 위로 들었다 놓으며 이해할 수 없다는 표정을 짓더니 다음 버스는 한 시간 후에 온다며 그냥 출발한다.

나는 캥거루가 있는 숲 쪽으로 조심스럽게 다가갔다.
허~크(hear~k), 허~크(hear~k).
아주 낮은 소리가 들린다. 무슨 소린가? 어디서? 귀를 기울이니 저 소리는 쓰러져 있는 캥거루에서 나오는 소리다. 신음같이 들려온다. 한 발 더 다가서려다 순간 멈추고 쪼그려 앉았다. 움직임이 없던 캥거루가 조금 움찔한다. 하늘을 향한 두 다리 사이의 캥거루 주머니에서 꿈틀거리는 움직임이 보인다. 허~크, 허~크 소리가 가깝게 들린다. 새끼 캥거루가 주먹만 한 머리를 쏘옥 내밀고 여기저기 살펴보며 허~크, 허~크 계속 울음소리를 낸다. 정면의 숲속이 살며시 움직인다. 곧이어 큰 캥거루가 나타났다. 새끼 캥거루의 소리를 들었는가? 아니면 냄새를 맡았는가? 죽어 자빠져 있는 캥거루 옆을 스쳐 지난다. 순간, 누워 있는 캥거루 주머니 속의 새끼가 지나치는 큰 캥거루 주머니 속으로 빨려 들어가듯, 번개같이 사라졌다. 그리곤 큰 캥거루도 유유히 사라졌다.

어미 캥거루! 자신의 새끼가 아님에도 거둬가는 저 어미 캥거루가 신비로워 보인다. 조금 지나니 동물 보호(RSPCA) 구급차가 도착하여 섬광을 터트리며 세 장의 사진을 찍고는 누워 있는 캥거루를 싣고 갔다.

지난 구정 때, 나는 시드니 공항에 나가 출국 수속을 마치고 서울 가는 비행기가 출발하는 탑승구에서 앞창을 통하여 시드니의 상공을 바라보며 잠깐 앉아 있었다. 그때, 세 살쯤 되어 보이는 사내아이가 혼자서 놀고 있기에 귀여워서 말을 걸었다. 그 아이의 외모는 분명 한국 아이인데 내 말을 못 알아듣고 나를 쳐다만 보고 있었다. 조금 후 니콜라스! 니콜라스! 부르는 소리가 들렸는데 그 한국 아이를 부르는 것이었다. 아이를 부른 사람은 호주 여자였다.

"서울 가십니까? 서울은 지금 매우 춥습니다. 눈도 많이 왔답니다."

서울의 기후를 알려주며 말을 붙였더니 그 호주 여자는 한국의 추운 날씨에 맞추어 준비를 다 했다고 자기 가방을 열어 어린아이들의 겨울옷을 보여 주며 활짝 웃었다. 이야기를 더 들어보니 내 말을 못 알아들은 아이는 지금 세 살인데 두 해 전에 입양했다고 했다. 아이의 한국 이름은 욱진이라고 알려 주면서 "욱~진아! 욱~진아!"라고 불렀다. 호주 여자가 웃으면서 어색하게 아이의 이름을 부르는 소리를 듣는 순간, 한국 사람인 내 자신이 부끄러웠다. 그런데 지금 서울에는 왜 가느냐고 물었더니 사진 한 장을 꺼내 보여 주었다. 아주 어린 한국 여자아이의 사진이었다. 여자는 옆에 서 있는 자기 남편을 소개하면서 자기네 부부는 욱진이가 혼자 지내는 것보다는 동생과 함께 자라는 것이 좋을 것으로 생각되어 여동생을 입양하러 가는 길이라고 했다. 입양할 여자아이는 현재 8개월이 되었으며 한국 이름은 경자라고 했다.

  욱진이와 양부모, 그리고 나는 서울 가는 기내에서도 서로의 자리를 오가며 이야기를 나누었다. 귀국 후에도 서로 연락하기로 하고 전화번호와 집 주소를 교환했다. 서울을 다녀온 후, 욱진이네 가족이 우리 집을 방문했다. 욱진이, 그리고 양부모는 나와 두 번째의 만남이었으나 경자와는 처음 만나는 것이었다. 나의 아내와 아이들은 모두 처음 만나는 것이었지만 어색함이 없었다. 특별히 세 살짜리 욱진이는 우리 아이들과 금방 친해져 잘 놀았다. 오후 세 시쯤 와서는 잠깐 차만 마시고 가겠노라 했었는데 이런 저런 대화 속에 한국식으로 마련된 저녁을 먹고 밤 아홉 시가 넘어서야 돌아갔다. 욱진이의 양부모는 이곳의 평범한 부부인데 자신들의 아이가 없기 때문이긴 하지만, 한국의 아이를 둘씩이나 입양하여 키우는, 참으로 우리네 사고방식과는 다른 사람들임을 느끼게 되었다. 마침, 그 부부가 우리 부부보다는 나이가 아래이 므로 우리는 형님, 언니가 되기로 하고 우리 아이들은 엉클 그리고 안티로 부르기로 했다. 물론 욱진이와 경자도 우리를 큰아버지, 큰엄마라고 부르도록 했다.

그날 밤, 나는 밤새 뒤척이며 잠을 못 이루었다. 욱진이와 경자는 불우한 환경의 아이들 가운데서 이곳 시드니의 좋은 양부모를 만난 아이들임이 분명했다. 그러나 두 아이 모두 바다가 가까운 지역에서 태어났으며 생모들은 겨우 20대 초반이라고 하니, 나의 마음은 한없이 슬펐다.

욱진이와 경자의 얼굴이 양부모와 전혀 다른데도 천진난만하게 그들을 정말 엄마 아빠로 잘 따르는 것을 볼 때 고맙고 감사한 일임에도 불구하고 가슴이 아려왔다.

둥근 달이 가깝게 다가온다. 가깝게 다가오는 시드니의 둥근 달 속에 캥거루가 들어가 있는 것만 같다. 달빛 속의 텅 빈 길가에 조금 전 사라졌던 어미 캥거루가 언제 다시 나타났는지 우뚝 서 있다. 주머니 속의 새끼 캥거루가 고개를 쏘옥 내밀고 나를 바라보고 있다. 욱진이와 경자가 나를 바라보고 있는 것만 같다.

DMZ 발전병

제대한 지 수십 년이 지났음에도 불구하고 DMZ라는 글자만 보이면 눈이 번쩍 뜨인다. 세계에서 마지막 남아 있는 비무장지대이기도 하지만 1970년대 초반에 내가 근무한 DMZ 철책선의 전경이 생생하게 펼쳐지기 때문이다.

신병 훈련을 마치고 제1사단에 도착했다. 이틀째 되던 날, 30여 명의 신병들이 도열했다. 건장한 상사 한 명이 나타나, 왔다 갔다 하면서 쭉 둘러보고는 갑자기 내 이름을 불렀다.

"예, 이병 장석재!"

"너, 인사 기록부에 기계 전공이라고 적혀 있던데 맞지?"

"예!"

생전 처음, 야전 지프차에 탔다. 운전병 옆엔 상사가 자리잡고 나는 운전병 뒷좌석에 앉았다. 1사단 정문을 통과하여 30여 분 달리니 육중한 철제 게이트가 나타났다. 헌병(군사경찰)이 차량을 세우고 상사에게 경례한 후, 탑승자인 나를 유심히 바라보고는 곧바로 통과시켰다. 거대한 철교 다리가 보였다. 임진강을 내려다보며 내가 지금 어디로 가는 것인가 물어보고 싶었지만 입을 열기 어려웠다.

"너는 제1사단 00연대 0중대 발전병이다. 알겠지?"

"예? 발전병이요? 저는 육군 보병입니다."

"알아. 그렇지만 이곳 전방 방책선 중대에는 발전기를 돌리는 발전병이 꼭 있어야 하는데, 마침 잘되었다. 지금의 우리 발전병이 제대 특명을 받았기 때문에 새로운 발전병이 필요하다."

내가 발전병의 후임이 된 것은 기계 전공이라는 내 인사 기록 때문인 듯했다. 중대 본부 소속의 발전병 조수가 된 나는 다음날부터 사수인 박 병장을 따라다니며 인수 작업을 하게 되었다. 철책선에서 뒤로 300여 미터 떨어진 곳에 발전기 2대가 나란히 설치되어 있는 간이 발전소가 있다. 매일 발전기 점등 시간과 소등 시간을 확인하여 정확한 시각에 발전기를 가동해 등을 밝히는 일이 발전병의 주 임무이다. 발전기는 두 대가 있으니 혹이나 한 대가 고장 나면 다른 한 대를 가동해야 하기 때문에 매주 2회의 점검 가동을 해야만 했다. 한 달은 금방 지나가고 박 병장은 제대했다.

드디어 나 혼자, 발전기 앞에 섰다. 두근거리는 마음을 간신히 잠재우고 발전기 1호기의 시동 벨트를 힘차게 잡아당겼다. 한 번에 안 되어 두 번째 더 힘껏 당겼다. 부릉, 부릉 큰 소리와 함께 발전기 엔진이 힘차게 돌아가기 시작했다. 잠시 후, 점등 스위치를 올렸다. 방책선의 첫 번째 등이 희미하게 밝아지기 시작한다. 이어 두 번째 등이, 그리고 세 번째 등이 켜지기 시작한다. 세 번째 등이 켜지기 시작하면 첫 번째 등은 완전히 밝아진다.

내 앞에서 오르막 내리막 하는 철책선에 걸려 있는 전등에 불이 밝아지는 것은 내가 미처 경험해 보지 못한 미지의 어둠을 밝히는 신비한 광경이었다. 가보지 못한 독일 어느 곳에서는 늙은이가 장대로 가로등에 걸려 있는 가스등에 하나하나 불을 붙여가며 골목길을 비춘다고 하던데, 그런 낭만보다 더 짜릿한 감동이 솟아올랐다.

내 구역 모든 전등의 불이 밝혀지면 나는 손전등을 들고 초소를 걸어가며 방책선에 걸려 북쪽을 향해 비추고 있는 등을 자세히 살펴본다. 비바람으로 등의 방향이 틀어진 곳이 있으면 기록하고 다음 날 낮에 제대로 고쳐 놓아야만 한다. 또한 등이 깨져 있으면 신속히 발전소로 돌아가 새 등으로 교체해야 한다. 초소에 갈 때마다 고참들은 나를 반갑게 대해준다. 나와 군번이 비슷한 졸병들은 슬그머니 내 손을 잡고 웃는다. 언제나 그렇듯이 대남방송도 어김없이 들려온다. 이렇게 우리 중대 구간을 모두 돌아보고 발전소에 도착하면 어느덧 자정이다. 중대 본부로 돌아와 입은 복장 그대로 개구리잠을 취한 후, 방책선 소등 시간에 맞추어 다시 일어나 발전소로 향한다. 한여름도 으스스하다. 눈 내리는 겨울철은 온몸이 얼어 걷기도 어렵다. 하루의 시간 중, 가장 깜깜한 시각은 바로 동트기 직전이다. 조금 기다려 동이 트기 시작하면 발전기 가동을 멈춘다. 고요함과 함께 발전병의 하루 임무는 완성된다.

현재 내가 살고 있는 호주 시드니에서 기차를 타고 북쪽으로 7시간 달려 자카란다 축제가 열린다는 그라프톤^{Grafton}에 왔다. 그라프톤이 자랑하는 자카란다 거리를 걸었다. 거대한 자카란다 나무 2,000여 그루가 활짝 펴, 땅도 하늘도 온통 보라 세상이다.

자카란다 축제는 이만 삼천의 인구가 살고 있는 이 조그마한 도시의 최대 행사이다. 이 도시엔 신호등도 없고 경찰차도 안 보인다. 말을 타고 천천히 지나가는 남녀 경찰이 보인다. 거리를 오가는 여자들은 대부분 보라색 모자를 쓰고 다닌다. 오후엔 각종 행사가 시계탑을 중심으로 이곳, 저곳에서 벌어진다. 그 옛날 우리 시골 초등학교 운동회를 보는 듯했다.

구경 인파를 벗어나 조용한 강가로 발길을 옮겨 강이 내려다보이는 아담한 공원에 왔다. 아름답고 조그마한 공원에 바람이 솔솔 불어 자카란다 보라 꽃잎이 내 머리 위에 살포시 내려앉는 공원 중앙에서 내 키보다 조금 더 큰 탑을 만났다. 아니, 우리나라 전쟁에서……. 한국전 참전 용사 추모탑이다.

KELLY C.B.

KENNEDY O.

MACLUCASU. R.P

MACLUCASC. G.E.

MARMONC. C.E.

NOUDC. J.

PENNJ. H.

PHEMISTER P.E.H.

PRISTLY V.

PULLEN W.T.

RHYNHARTE. W.

SIDNEY E.C

THORNTHWATTE J.C.

TONKIN W.H.

VAUGHAN A.C.

VERSO C.L.

WARNER W.E.

LEST WE FORGET

KOREA 1950-53

탑에 각인된 이름을 하나, 하나 읽었다. 17명이다. 이 아름다운 그라프톤에서 살았던 20살 안팎의 젊은이들이 멀고 먼 이국땅 코리아에서 전사했다니……. 이들이 전사하지 않고 돌아왔다면 지금쯤 90세의 할아버지들이 되셨을 것이다. 6.25 한국전쟁에 호주는 17,164명의 군인이 참전하여 339명이 전사했다. 그중 이곳 그라프톤에서 살았던 17명의 청년이 코리아의 어느 전선에서 눈을 감았다. 그들은 입대 전까지 살았던 천국 같은 그라프톤의 퍼플 세상을 잊지 못했을 것이다. 자카란다의 꽃말은 '화사한 행복'이라고 하는데, 마지막 순간에 얼마나 그리워했을까? 화사한 보라색 꽃잎을……..

내가 지금까지 살아온 것도, 우리 고국이 자유를 누리며 살고 있는 것도 결코 거저 얻어진 것이 아님을 깨닫게 된다. 이들이 전사하던 때에 태어난 나는, 여기에서 다시금 그들의 이름을 가슴으로 읽는다.

고국의 DMZ 철책선 등이 하나, 둘 밝아 오는 듯하다.

아임 낫 유어 맘

 딸과 큰아들이 결혼을 하고 자신들의 삶을 살아가니 한결 집안이 단출해졌다. 하나뿐인 화장실로 아침마다 벌이던 선두 다툼도 사라졌다. 제일 편해진 녀석은 대학생인 막내다. 언제든지, 무엇이든 자신이 원하는 일이 가능하다. 일어나는 시간, 밥 먹는 시간 모두 다 맘대로 한다.
 쉬는 날이면 느지막이 일어나 샤워하고 나이키 삼각 팬티차림으로 왔다 갔다 자유를 만끽한다. 아르바이트로 홈부시 나이키 매장에서 일하기 때문에 여러 가지 삼각팬티가 지천이다.
 샤워하고 삼각팬티 바람으로 왔다 갔다 하는 그 모습이 내 눈에는 조금 거슬리기는 하지만 별로 역겨운 마음은 아니다. 그러나 아내의 눈은 다르다. 막내의 움직임에 시선이 항상 따라다닌다. 여자가 자식을 바라볼 때는 그냥 맹목적이라고 하듯, 아내의 눈동자는 명화를 감상하는 듯하다. 어려서부터 축구선수로 몸이 단련되어 있기 때문이기도 하지만 어깨는 쩍 벌어졌고 왕(王)자가 선명한, 막내의 정면을 바라보는 아내의 눈은 일출을 바라보는 듯 황홀해진다. 오래전에 내게 보내던 그 눈빛보다 더 깊은 것 같다.

　어느 날부터 나도 크게 심호흡 한번하고 용기를 내, 통 넓은 사각팬티에서 막내가 즐겨 입는 나이키 삼각팬티를 입기 시작했다. 오늘도 샤워를 마치고 막내처럼 삼각팬티 차림으로 거실을 왔다 갔다 했다. 아내가 힐끔 쳐다보는데 막내를 바라보는 눈과는 전혀 다른 느낌이다. 그러나 애써 무시하고 계속 거실을 유영하듯 기분 내다가 소파에 앉아 티브이를 켰다. 아내가 부엌에서 무어라고 한마디 하는 것 같은데 아나운서 목소리에 파묻혀 듣지 못했다. 내 대답이 없어서인지 조금 후 거실로 나온 아내가 나를 바라보며 한마디 했다.
　"아임 낫 유어 맘."
　나는 잠시 어안이 벙벙했다. 아내가 톤을 더 높였다.
　"아임 낫 유어 맘!!!"

　그제야 정신을 차린 나는 방으로 들어가지 못하고 욕실로 들어가 전신이 훤하게 보이는 대형 거울 앞에 우뚝 섰다. "아니 누가 자기보고 내 엄마라고 했나!" 투덜대며 거울을 바라보았다.
　머리는 이미 벗겨져 반들반들 빛이 났다. 우리 집에 놀러 온 손자 녀석이 "할아버지 머리는 왜 양쪽에만 머리카락이 있어요?" 하고 묻던 질문이 전혀 엉뚱한 것이 아니었구나 하는 생각이 들었다. 양옆에 남아 있는 머리카락은 반 이상 하얗다. 조금 내려와 눈썹을 바라보니 길고 꼬부라진 눈썹이 산신령 모습이다. 바로 밑으로 내려가니 오래전부터 제거 수술을 하려 했던 두툼한 눈두덩이다. '아, 쫌 심하네.' 혼자 중얼거리다 양쪽 볼때기를 바라보니 언제부터 생겨났는지 마른버짐이 여기저기 붙었다. 그래서인지 얼굴 모습은 영락없이 구겨진 신문지다. 어깨는 활의 모습을 하듯 구부러져 있고 양쪽의 가슴은 말라붙었다. 영락없이 풀 먹이지 않은 홑이불 껍데기다. 조금 더 내려가니 내 눈이 의심스럽다. 똑바로 서서 아래를 내려다보니 타일 바닥만 보였다.

나의 삼각팬티 차림은 애당초 막내와는 게임이 되지 못한다는 것을 깨닫는 데는 그리 오랜 시간이 걸리지 않았다.

"아임 낫 유어 맘!"

아내의 목소리가 욕실까지 들어왔다.

그런데 이해하기 어려운 것은 해마다 돌아오는 5월의 마더스 데이 때다. 올해는 둘째 일요일인 5월 11일이다. 이번은 21세기의 첫 번째 사반세기 마더스 데이라며 카드 속에 로또 복권 한 장 첨부하라고 몇 주 전부터 독촉한다.

"아니, 당신은 나의 엄마가 아니잖아."

대꾸하면 아내는 매일 밥을 주는 사람은 엄마이니 여러 소리 하지 말고 마더스 데이 카드를 가져오라고 한다.

'아임 낫 유어 맘'인지, '아임 유어 맘'인지 나는 아직도 헷갈린다.

너도 할 수 있단다, 오징어순대

그래서 그대가 좋다

나는 미치고 싶다

김은희

충남 당진에서 태어나 성남에서 자랐다. 1992년, 남쪽 하늘 아래 새로운 삶을 꿈꾸며 가족과 함께 호주 시드니로 이주했다. 시드니대학교에서 인문학을 수학하고, 웨슬리 신학대학과 AIFC 대학에서 신학과 상담을 전공했다. 현재는 상담과 미술 심리치료사로, 마음의 풍경을 듣고 돌보는 일을 하고 있다. 2011년 『모던포엠』 시 부문 신인상으로 등단했다. 시드니한국문학작가회 소속이며 문학동인 캥거루 문우들과 글의 온기를 나누며 살아가고 있다.

너도 할 수 있단다, 오징어순대

진아! 네가 세상에 작은 별처럼 반짝이며 태어났을 때, 이모는 노처녀라는 꼬리표를 달고 있었지.
"사람 노릇하려면 시집가야지. 언제까지 부모 걱정만 시킬 거냐?"
이런 말들을 하루에도 몇 번씩 들었지만, 당시 이모는 결혼 생각이 없었단다. 특별히 비혼을 고집했던 건 아니야. 이제 너도 어느 정도 컸으니, 이모의 마음을 조금은 이해할 수 있으려나. 단지 누군가와 삶을 함께하고 사랑을 약속하는 일이 자신이 없었단다.
사랑은 한 잎 한 잎 젖어 드는 가랑비처럼, 서서히 마음을 적셔야 한다고 믿었지. 소나기 같은 사랑은 열병처럼 찾아와 순식간에 사라져 버린다고 생각했어. 그런 사랑은 깊이가 없고, 한순간 타올랐다가 재처럼 흩어질 것 같았거든. 사랑은 마치 사골국처럼, 오래 끓여야 깊은 맛이 나는 것이라 믿었어. 그러나 세상은 너무 바빴고, 그런 깊은 정을 들일 시간조차 허락되지 않는 듯했지.
너는 어떤 사랑을 꿈꾸고 있니? 사랑은 때로 강물 같고, 때로 바람 같단다. 어떤 이에게는 격정적인 폭풍이 되고, 어떤 이에게는 잔잔한 파도가 되기도 하지. 중요한 건, 사랑에도 정답은 없다는 거야. 인생이 우리의 뜻대로 흘러가지 않듯, 사랑도 마찬가지란다.

이모부를 만난 건 마치 오래전부터 정해져 있던 이야기의 한 장면 같았단다. 만난 지 얼마 되지 않아 연인이 되어 버렸지. 결혼을 생각조차 하지 않던 나였지만, 네 손을 살포시 잡아본 그날, 결혼이 간절해졌단다. 너 같은 천사를 품에 안을 수만 있다면, 세상이 더 빛날 것만 같았어.

벌써 18년 전 일이구나. 시간은 한 장씩 찢겨 나가는 달력 같기도 하고, 손안에서 녹아내리는 눈송이 같기도 했어. 이제 나보다 키도 크고, 표정조차 어른스러운 숙녀가 된 널 보면 가슴이 뭉클해져. 첫 조카인 네가 이모에게는 딸이자 천사이고, 무엇과도 바꿀 수 없는 소중한 보석이란다. 네가 직접 엄마의 생일상을 차려주고 싶다고 했을 때, 가슴 한쪽이 뭉클하게 저렸단다. 어느새 이렇게 어른이 되어버렸나, 감격스러웠어. 뭘 만들지 고민했단다. 라면과 떡볶이, 계란 프라이 정도만 만들 줄 아는 네가 할 수 있는 요리가 뭘까? 생일상에 올리기에 그럴듯한 음식은 뭐가 있을까? 한참을 고민하다가 떠오른 게 오징어순대였어. 네가 엄마를 위해 직접 만들기엔 조금 어려울 수도 있겠지만, 너라면 해낼 수 있을 거야.

자, 이제 이모가 말하는 대로 해봐. 이모가 도와줄 테니 겁먹지 말고. 요리는 생각보다 즐겁고 행복한 놀이란다. 일이 아니라 사랑하는 사람을 위해 정성을 담는 가장 가치 있는 여정이지. 대충하려면 방법이 있겠지만, 제대로 잘하려면 끝없는 정성을 들여야 하는 것이 요리야. 이모는 요리하면서 마음을 치유하기도 해. 재료를 손질하고 조리하는 과정에서 머릿속을 어지럽히던 고민이 정리되기도 하고, 마음속에서 일렁이던 화가 거짓말처럼 녹아버리기도 하거든.

먼저 재료를 다듬어 보자. 어른 수저를 오징어 속에 넣어 내장을 긁어내고, 투명한 뼈를 쭉 잡아 빼고, 눈과 입도 제거해야 한단다. 그래, 징그럽지? 처음엔 쉽지 않을 거야. 그래도 사랑하는 사람들을 위해 우리는 때때로 용감해져야 해. 하고 싶지 않은 일도, 마주하기 어려운 일도 내 손으로 해내야 할 때가 있어.

깨끗이 다듬어진 오징어를 두고 속 재료를 준비하자. 양파, 고추, 홍고추, 당근, 삶은 당면을 잘게 다져볼까? 아직 칼질이 어렵다면 큼직하게 자른 후 채소 다지기를 사용해도 괜찮아. 칼은 언제나 조심해야 한단다. 능숙한 요리사라도 방심하면 손을 다치는 건 한순간이니까.

진아! 칼을 사용할 때 조심해야 하듯이, 말할 때도 주의해야 한단다. 무심코 던진 말이 누군가에게 날카로운 칼이 될 수도 있거든. 가능한 한 내 입에서 나오는 말이 꽃이 될 수 있도록 노력해 보자. 따뜻한 말 한마디가 햇살처럼 누군가를 위로할 수도 있으니까.

이제 다져진 채소에 달걀, 다진 마늘, 간 돼지고기, 으깬 두부를 넣어줄 거야. 전분 가루를 두 숟가락 정도 오징어 안쪽에 잘 발라주고, 다진 재료를 넣어주자. 속은 70%만 채우는 게 중요해. 너무 가득 채우면 옆구리가 터져버릴 수 있으니까. 그러고 보면, 인생도 요리와 같아. '적당히'의 균형을 맞추는 게 생각보다 어렵단다. 이모도 아직 그 기준을 배워가는 중이야. 속을 채운 오징어를 꼬치로 듬성듬성 꿰매듯 막아준 뒤 찜기에 올려 20분 정도 쪄주면 완성! 식기를 기다렸다가 접시에 상추나 깻잎을 깔고, 예쁘게 담아보자. 쪽파를 쫑쫑 잘라 살짝 뿌려주면 더 보기 좋을 거야.

자, 너의 첫 요리가 완성되었어. 오징어순대는 사실 쉬운 요리는 아니란다. 어른들도 어려워하는 사람이 많아. 그런데도 오징어순대를 추천한 이유는 네가 이 요리를 해내고 나면 어떤 요리도 도전할 자신이 생길 거라고 믿었기 때문이야.

진아! 인생에는 많은 도전이 기다리고 있어. 때로는 겪지 않아도 될 힘든 일들도 있겠지. 하지만 이모는 네가 해보지도 않고 후회하기보다는, 먼저 도전하고 넘어지더라도 다시 일어나는 삶을 살았으면 해. 배우면서 사는 것이 곧 삶이란다. 반백 년이 넘은 이모도 매일매일 배우고, 느끼고, 깨닫고, 반성한단다. 두려워하지 말고, 용감하게 네 삶을 살아가렴. 너를 사랑하는 우리는 언제나 네 곁에서 기도하고 있을 거야. 이모는 언제나 널 응원해. 사랑한다, 진아.

그래서 그대가 좋다

　이십 대부터 함께해온 제니는 언제나 입이 거칠었다. 한국어로든, 영어로든 그녀 말투에는 속어와 거친 표현이 넘쳤다. 욕쟁이 할머니 식당이 인기가 많다지만, 아직 젊다면 젊은 그녀의 말투를 마냥 좋아할 수는 없었다. 얼마 전, 오랜만에 커피 한잔할까 싶어 전화를 걸었다. 그녀는 여느 때처럼 툭툭 거친 말을 던졌다.
　"이년아, 죽은 줄 알았네. 어디 자빠져 살다가 이제야 전화질이야? 몸뚱어리는 괜찮은 거야?"
　"아이, 말 좀 예쁘게 하라니까."
　"내버려둬, 난 이대로 살다 죽을 거야."
　"아유, 못 말린다니까……."
　입은 한없이 거칠고 욕으로 시작해 욕으로 끝나는 그녀지만, 속은 깊었다. 바쁜 일상에서 내가 연락을 자주 하지 못하면 서운해하면서도, 아무 일 없었는지, 몸은 괜찮은지 한없이 걱정해 주었다. 말 좀 예쁘게 하라고 잔소리하면서도, 어느 순간 나는 그녀 말투에 익숙해졌는지 거친 그녀의 걱정이 따뜻하게 느껴졌다.

캐시의 내숭은 친구들 사이에서 꽤 유명했다. 소주 두어 병은 거뜬히 마시고, 제니 못지않은 거친 입담을 자랑하는 그녀였지만, 남자가 동석한 자리에서는 전혀 다른 사람이 되었다.

떠들썩한 어느 연말이었다. 나이의 앞자리가 2가 아닌 3이 된다는 걸 축하하자고 우리는 모였다. 소주 한두 병과 맥주에 모두 얼굴이 붉게 달아올랐다. 우연히 지인을 만나 합석을 제의받았다. 닭발을 열심히 발라먹으며 줄기차게 소주잔을 비우던 캐시는 갑자기 달라졌다.

"어머! 닭발 너무 징그러워 난 이런 거 못 먹어요. 전 술 잘 못하는데 그냥 사이다 한 잔만 주실래요?"

애교 넘치는 코맹맹이 목소리에 피식 웃음이 났다. 사탕처럼 달콤한 캐시의 겉과 속의 온도 차가 느껴졌다. 그러나, 그 가식조차도 사랑스러웠다. 누구는 내숭이 심하다고 손가락질할지 몰라도 밉지 않았다. 아니, 오히려 귀여웠다. 그녀는 그날 좋아하는 닭발도, 족발도 끝내 참았다.

후배 데이비드의 허세는 하늘을 찔렀다.

"누나, 내가 이번 일만 잘되면 크게 한턱낼게. 누나, 뭐든지 말만 해. 내가 다 해결해 줄게."

그는 그렇게 큰소리를 치곤 했지만, 막상 급한 일이 생기거나 도움이 필요할 때면 슬그머니 사라졌다. 친구들과 함께 밥을 먹은 후 계산할 때는 유독 화장실에서 오래 머물렀다. 그런 그를 두고 타박하는 친구들도 적지 않았다. 그는 커피값과 식사비를 계산할 때는 종종 사라졌지만 매주 월요일 파라마타강 근처를 찾아 노숙자들에게 샌드위치를 나누어주었고, 입양아 모임에 한 아름 사탕을 들고 찾아가곤 했다. 차가운 바람처럼 가벼운 말과 달리 그의 심장은 언제나 봄날의 햇살 같았다.

한때 내 별명은 홍길순이었다. 홍길동처럼 동에 번쩍, 서에 번쩍 나타나 하는 일도 많다고 얻은 별명이었다. 주변은 나를 성실한 사람이라 봐주었다. 야무지고 알뜰살뜰하다는 칭찬을 해주는 어른들도 많았다. 하지만 알고 보면 나는 허점투성이었다. 실수도 잦았고, 멍하니 있기도 했고, 때때로 4차원적인 행동으로 주변 사람들에게 '이해 불가'라는 말을 듣기도 했다.

학창 시절에는 신발주머니나 우산, 도시락 가방 등을 자주 잃어버려서 엄마는 가방에 이름을 새겨주기도 했다. 어른이 된 지금도 뭔가 잃어버리는 경우도 많고, 퇴근길에 기차에서 졸다가 동네 역을 지나쳐 엉뚱한 곳에 내려 남편에게 도움을 청하는 일도 다반사였다.

실수야 누구나 하는 것이니 그렇다 쳐도, 정작 나를 힘들게 한 건 다른 면이었다. 내 감정은 잔잔한 호수 같다가도, 갑자기 폭우가 몰아치는 거친 바다가 되었다. 아무도 건드리지 않았지만, 스스로 부서지는 날들이 있었다. 치열하게 열심히 살다가 완전히 무기력에 빠진 것처럼 지내기도 했다. 나는 그림자와 같은 어두운 면이 나의 한 부분이라 인정하고 싶지 않았다. 열심히 사는 성실한 모습으로만 주변에 인정받고 싶었다. 솔직히 '먼지 하나 없는 사람'이고 싶었다. 단정하고 조용한 말투, 누구에게나 친절한 표정, 늘 정돈된 감정을 유지하는 성숙한 나를 연출하기를 원했다. 그러나, 어느 순간 페르소나 나의 가면이 내 얼굴이 되어버린 듯 진정한 나와는 점점 멀어지고 있었다.

  이유 없이 우울해져 무기력한 나날이 계속되던 어느 가을밤이었다. 무겁게 나를 누르는 우울을 감당 못 하고 몇 시간을 무작정 달려 어느 이름 모를 바닷가 작은 마을을 찾았다. 가족들은 연락되지 않는 나 때문에 걱정과 불안으로 밤을 지새웠다. 어렵게 연락이 된 나를 찾아 황급히 달려온 남편은 무너진 나를 말없이 안아주었다.

  그날부터였나보다. 나의 또 다른 면을 받아들이게 되었다. 오래전부터 내 안에 있던 또 다른 나와 악수하며 외면해 온 그림자와 조용히 화해한 것이다.

  우리는 완벽하지 않다. 언제든 무너질 수 있고, 넘어질 수도 있다. 그렇기에 우리는 '사람'인 것이다. 어쩌면 털어서 먼지가 나오는 사람이야말로 더욱더 매력적일지 모른다. 완벽한 선으로 채워진 그림보다 여백이 존재하는 그림이 더욱 아름답지 않은가. 우리도 그렇게 살았으면 한다. 부족함을 인정하면서 말이다. 바람이 불어 흔들리는 나뭇잎처럼, 강물이 바위를 만나 굽이치듯이, 흔들리고 넘어지면서 그렇게 살아보자. 부디, 자신의 먼지를, 자신의 그림자를 미워하지 말자. 그마저도 너의 일부니까.

털어서 먼지 나오는 그대, 그래서 그대가 좋다.

나는 미치고 싶다

날개도 없으면서 날고 싶다 미칠 수도 없으면서 미치고 싶다
죽지도 못하면서 죽고 싶다 너는 되풀이 말만 한다

- 신현림의 시 「햇살 설탕」 중

일곱 살

꼬맹이 시절 나는 달고나를 비롯한 간식거리에 정신이 팔려있었다. 십자가나 별 모양의 달고나, 일명 '뽑기'라고도 불렸다. 드라마 '오징어 게임'에서는 생사가 걸린 놀이였지만, 우리 때는 단순히 모양대로 자르면 하나 더 받을 수 있는, 소박하지만 치열한 놀이였다. 침을 발라 옷핀으로 찔러 모양 그대로 유지하며 애를 써도 대부분은 마지막에 끝부분이 망가졌다. 집에서 만들어 먹는다고 설치다가 국자며 냄비까지 까맣게 태워버렸다. 그런 날이면 엄마는 먼지떨이로 종아리를 빨갛게 될 때까지 때렸다. 간식에는

불량 식품들이 있었다. 어떤 맛이라 설명하기 힘든 쫄쫄이가 있었고 혀끝에서 녹아버리는 별사탕이 있었다. 귀를 막고 아슬아슬한 마음으로 기다리다가 "펑이요" 하는 소리와 함께 얻어가던 뻥튀기가 있었다. 고장 난 시계나 라디오를 가져가면 한 바가지 넘치도록 얻을 수 있었다. 어렵게 모아놓은 칠성사이다 병이나 제사 후 잘 모셔둔 정종 병도 강냉이를 한 아름 얻을 수 있는 귀한 재산이었다.

여덟 살

병아리를 키우는데 온 맘을 쏟았다. 소풍이나 운동회날 학교 입구에는 허름한 점퍼를 걸친 아주머니께서 병아리를 팔곤 했다. 나는 사이다를 사 먹으라고 받은 용돈을 털어 병아리를 사서 애지중지 아기 돌보 듯했다. 그러나 아무리 정성을 쏟아도 대부분 사나흘도 채 못 버텼다. 그때마다 땅바닥에 주저앉아 울기도 많이 했다. 작은 머리를 고꾸라트리고 웅크린 채 죽어있는 병아리를 학교 뒷동산에 가져갔다. 엄마가 아끼던 손수건으로 감싸 땅을 파고 묻어주었다. 나뭇가지 두 개로 십자가를 엮어 세워주고 예쁜 소국 한 송이도 앞에 놓아주었다. 가수 고 신해철의 노래에서는 '얄리'라고 불렀지만 내 병아리 이름은 깨꽁이였다. 깨꽁이를 묻고 온 밤, 세차게 내리는 소나기가 참 원망스러웠다. 너무 짧은 인연이었던 깨꽁이와 달리 깽깽이는 내 유년부터 몇 년 동안 가장 친한 친구였다. 까맣고 윤기 나는 털에 잘생긴 진돗개였다.

깽깽이는 골목을 지나가는 사람의 발소리에 민감하게 반응했다. 귀신처럼 동네 사람들과 외지인을 구별할 줄 알았다. 동네 사람들이 지나갈 때면 코를 쫑긋거리고 꼬리가 헬리콥터 날개가 돌아가듯 힘차게 돌아갔다. 그러나 매일 학습지를 하라고, 신문을 보라고, 또는 화장품을 사라고 쥬단학 아주머니가 동네에 오면 깽깽이는 온 힘을 다해 컹컹거리고 짖었다. 사나운 눈매로 대문 밖을 노려보다가도 내가 다가가 "깽깽아~" 부르면 넙죽 엎드리며 꼬리를 흔들었다. 때로는 배를 만져달라고 홀라당 누워 애교를 부렸다. 쥐약을 바른 북어포를 먹고 깨꽁이처럼 깽깽이도 내 곁을 떠난 건 어느 겨울 눈이 오던 밤이었다.

열 살

여러 가지 놀이에 꽤 미쳤다. 소풍 길 학교 앞에는 기다란 고무줄을 뽑으면 빳빳한 새 지폐 천 원과 원더우먼이나 슈퍼맨이 그려진 연필에 지우개까지 들어있는 이층 필통을 준다는 아저씨가 계셨다. 한두 번 도전했다가 결국 소풍 길 용돈을 홀랑 다 날리고 사탕 하나도 사 먹지 못하고 터덜터덜 집으로 돌아왔다. 기다란 고무줄을 끝내 뽑지 못한 비밀은 한참 시간이 흐르고 키가 큰 다음에야 알게 되었다. 고무줄이나 술래잡기, 무궁화꽃이 피었습니다, 는 다소 심심했다. 뼈다귀 전쟁놀이는 흙바닥에 뼈다귀를 그려 놓고 한쪽에서 한쪽으로 이동하는 놀이로 상대 팀과 격렬하게 부딪혀야 했다. 정신없이 놀다 보면 소매가 뜯겨 나가거나 넘어져 무릎이 깨져 아까징끼로 불리는 빨간 약을 발라야 했다. 아랫동네 아파트에 사는 친구들은 스카이콩콩을 타며 놀았다. 사달라고 졸라봐야 회초리만 맞는다는 걸 아는 달동네 친구들과 나는 김칫독을 묻는 삽으로 스카이콩콩처럼 타고 앞마당을 헤집어 놓고는 했다.

열한 살

어느 순간부터 놀이는 시시해지고 책에 미치기 시작했다. 집으로 날아오던 학습지의 산수는 매번 틀리면서도 나는 누구도 제대로 가르쳐준 적 없는 데도 신통방통하게 글을 깨쳤다. 나는 유달리 책을 좋아하는 아이였다. 어머니가 큰맘 먹고 생일 선물로 주신 소년·소녀 문학전집 50권을 한 달 꼬박 밤잠을 설쳐가며 읽었다. 한국 위인 전집, 세계 위인 전집 그리고 안데르센 동화집부터 그리스·로마 신화집까지 읽을 수 있는 모든 책에 미쳐 있었다. 좀 더 성장한 후에는 고전들이 나를 사로잡았다. 『제인 에어』, 『여자의 일생』, 『데미안』, 『주홍 글씨』, 『이방인』까지 미친 듯 책을 읽었다. 미치도록 좋아했던 책들은 넘치도록 많았다. 『마주보기』, 『홀로서기』와 같은 시집을 손에 들고 햇볕 나른한 창가에 머물기도 했다. 때로는 조정래 소설과 박경리 『토지』에 미쳐 있기도 했다. 이외수와 한수산의 책을 좋아했고, 이해인 시에 미쳐 시 쓰는 수녀가 되겠다며 편지 한 장 써 놓고 가출하여 부산에 있는 수녀원을 찾아가기도 했다.

열두 살

성장하면서 좋아했던 것은 비단 책만은 아니었다. 쥐를 먹는 장면이 아직도 생생한 영화의 다이애나에게 반하기도 했고 '전설의 고향'만큼은 이불을 뒤집어쓰고 꼬박꼬박 보고는 화장실을 갈 때마다 엄마를 깨웠다. 이산가족 찾기 프로그램을 보며 너무 울어서 탈진까지 간 기억이 있고, 엄마의 기다란 월남치마를 입고 엄마의 빨간 립스틱을 바르고 거울을 보며 연극을 한 기억조차 너무나 생생하다. 책만큼 만화에도 열광했다. 김영숙, 황미나, 신일숙의 만화를 좋아했고 이현세의 까치를 너무 사랑해 그의 사랑을 받는 엄지가 참 아주 미웠다.

열일곱 살

고등학생이 되어서는 많은 것이 달라졌다. 꿈과 희망 그리고 미래를 위한 보이지 않는 약속을 위해 그저 대학이라는 명제 앞에 집중해야 했다. 새벽부터 보충수업으로 시작해 야간 자율까지 '성문 영어'와 '수학의 정석', '맨투맨'에 모든 정신을 집중시킨 시절이었다. 그러나 와중에도 참고서 밑에 숨겨놓고 읽던 하이틴로맨스가 있었고, 단발머리 귀 뒤로 이어폰을 숨겨 듣던 '별이 빛나는 밤'이 있었다. 남학생보다는 씩씩한 리더인 선배 언니에게 가슴이 떨렸다. 새우깡과 쥐포를 놓고 막걸리를 마시며 열띤 토론을 하는 옆집 하숙생 언니에게 반해 그네들의 민중가요를 내내 흥얼거리곤 했다.

스무 살

　나는 친구와 애인의 중간쯤 관계에 몰입했다. 20년은 더 된 고물차를 타는 그와 시드니 구석구석을 늦도록 돌아다니며 연애란 걸 하기 시작했다. 말도 안 되는 질투로 싸우기도 하고 장미꽃 한 다발에 마음이 풀어져 어색한 화해를 하기도 했다. 어설픈 연애는 어설픈 이별을 했고 사랑보다는 우정에 가까웠던 연애를 끝내면서 나에게 세상은 다른 문을 열어주었다. 이는 아주 오래전 노트에 저장한 글이다. 내가 미쳐 있던 것들, 내가 집착하고 열정을 가지고 만나왔던 수많은 일들, 그 경험과 삶의 흔적들이 지금의 내 안에 차곡차곡 쌓여있다. 지나온 시간에 후회한 일이 어찌 없을까, 하지 말아야 했을 일들, 방법이 틀렸던 일들 아니 시작조차 하지 않았으면 좋았을 일들……. 그와 반대로 더 미쳐야 했던 일들, 더 열심을 보여야 했던 일들, 조금 더 인내하고 끝을 보아야 했던 일들 역시 적지 않다. 수많은 내 삶의 파편들이 후회라는 이름 밑에서 부끄러운 얼굴을 내민다. 그러나 다시 생각해 볼 일이다. 해보고 후회하는 것, 해보지도 않고 후회하는 것 중 무엇을 선택하는 것이 옳은 것일까? 미쳐보고 미련조차 버리는 것, 미쳐보지도 못하고 미련을 안고 있는 것 중 무엇이 현명한 것일까? 물론 삶에 대한 방법은 사람마다 다르기 때문에 무엇이 정답이라고 할 수는 없다. 신현림은 시인이자 사진작가다. 그의 시에는 힘겨운 삶에도 불구하고 희망을 놓지 않고 살아가는 긍정적인 위로가 가득하다. 그가 말하는 '미치고 싶다'라는 내가 하고 싶은 미침과는 결이 조금 다르다. 그 무엇에도 상관없이 무언가를 놓아버리고 시선을 한곳에 집중하고 싶은 마음은 같은 것이 아닐까 싶다. 힘겹고 버거운 삶을 빨랫줄에 널어버리고 미쳐버리든, 내 가슴을 두드린 무언가에 시선을 돌려 오롯이 미친 듯 빠져보는 것이든 말이다.

   나는 오늘도 미치고 싶다. 내가 미칠 듯 마음을 빼앗기든 무언가 많았으면 좋겠다. 어떠한 결과를 얻을 수 있는지는 중요하지 않다. 버둥거리는 삶을 모른 척하는 철없는 아줌마라 할지 몰라도 나는 오늘도 미칠 것이고 더 미친 듯 열정으로 살고 싶다.

동행

제임스 딘 가라사대

집, 너를 위한 변주곡

장미혜

대구에서 태어났지만, 갓난아기 때부터 춘천에서 자라 대학까지 춘천에서 나온 춘천댁이다. 서울올림픽 개최로 한국이 시끄럽던 1988년 1월 22일, 라면 5개와 고춧가루 그리고 수필집과 무협지, 옷가지 몇 개만 바퀴 달린 가방에 담아 신혼여행처럼 조용히 김포공항을 떠났다. 호주로 직항편이 없던 시절, 홍콩에서 8시간을 머물러 호주행 콴타스를 탔다. 식품점은 2곳. 스트라스필드에 한양식품, 채스우드의 거북식품. 라면이 3배 비싸게 팔리고 있었다. 참 아련한 세월이다. 얼마 후 한호타임즈에 내 이름으로 칼럼을 썼다. 호주동아일보 1993년 신춘문예에 「둥지 튼 철새」로 소설 부문 수상을 했다. 2005년에는 『수필문학』을 통해 등단했고, 10년 후 작품집 『50에 점을 찍다』를 냈다. 현재 시드니에서 회계사로 근무하며 문학동인 캥거루에서 활동하고 있다.

동행

 길을 잃었다. 전철에서 내려 헤맨 지 30분이 지났다. 어느 쪽으로 나가야 할지 도저히 길이 눈에 들어오지 않는다. 새벽같이 일어나 준비한 음식을 가방에 담은 시각이 아침 6시, 안양역에서 전철을 타고 동대문 시장에 들러 산소에 쓸 꽃을 사느라 조금 지체했을 뿐이다. 그런데 시계는 10시를 향해 달려간다. 역에 도착하면 당연히 버스 정류장이 눈앞에 보이리라 여겼다. 내게 남은 '원당역에서 038 버스를 타던 기억'은 오롯이 아버지와 동행이었던 것을 잊었다. 전철역은 출구가 1번부터 6번까지, 아래로 내려가면 또 갈라져 마치 문어발처럼 사방으로 뻗어있었다. 길에 내려섰다가 방향감각조차 잃었다.
 전철 역사에 세 번째로 올라왔다. 기억이 지워진 것을 보니 아버지가 섭섭하셨나 보다. 가슴이 뻐근해지며 숨이 잘 쉬어지지 않는다. 조금 전부터 머릿속에서 소리가 들리고 눈에 보이는 것들이 멀어졌다 가까워졌다 한다. 다급히 문을 열고 층계로 나가서 깊게 숨을 들이킨다. 원망과 미움으로 3년간 연을 끊었던 못된

딸을 용서하셨던 아버지. 죄의 무게가 더해 등에 멘 가방이 어깨를 짓누른다.

숨을 고르느라 층계 난간을 움켜쥐자 매캐한 바람이 휘돈다. 보행자용 쇠 난간 찬 기운이 손바닥을 타고 온몸에 전해지자 옥죄어 오던 머리가 조금 맑아진다. 그때, 층계 아래로 건널목이 보였다. 기억 어딘가에 황토 먼지가 소복이 쌓인 길에 회색 전봇대가 있고 그 옆으로 얼기설기 엮은 철조망이 떠올랐다.

코비드-19가 세계를 멈추게 했던 4년이란 시간은 서울 변두리 지역을 새 도시로 탈바꿈시켰다. 작은 단서라도 찾으려 두리번거렸지만, 어디에도 예전 시골 모습은 보이지 않았다. 급히 뛰어가던 아버지 뒷모습이 스쳤다. 그 순간 층계 바로 밑, 건널목에서 건너편으로 부지런히 뛰는 등이 보였다. 그는 약간 색이 바랜 청회색 점퍼를 입고 허둥거리며 걷고 있었다. 연세가 많은 듯 구부정한 뒷모습은 아버지가 걸어가시는 듯했다. 자석에 끌리듯 층계를 내려갔다. 그가 건넌 곳을 향해 대각선으로 무턱대고 건넜다. 눈앞에 회색 전봇대가 서 있다. 위에서는 보이지 않았던 표지석이다. 뒤를 돌아보았다. 여전히 낯설다. 그를 찾아 두리번거렸지만 이미 시야에서 사라졌다.

건너편에도 버스 정류장이 있지만 그곳은 아닌 것 같다. 내가 선 자리에는 버스 정류장이란 표식도 없다. 눈에는 낯설지만 그 자리 같다는 느낌이다. 전봇대에 등을 대고 고개를 드는 순간 상상하지 못한 것이 눈에 띄었다. 콘크리트 벽면, 약 2m 높이에

LED 조명으로 된 직사각형 안내판이 눈에 들어왔다. 빌딩의 층계 참마다 붙어있는 비상등이 벽에 삐죽 고개를 내밀고 있는 형상이다. 서울 시내에서 흔히 보이는 버스정류장의 안내판과 전혀 다른 모습이다.

직사각형 LED 화면에는 도착할 버스 번호가 줄줄이 움직이고 있다. 그 순간, 038번호가 화면에 흘러 지나가고 있다. 마치 갈등하는 내게 그대로 있으라고 타이르는 표식 같다. 눈앞을 지나가는 버스들은 모두 자그마한 마을버스다. 기억 속의 038 버스는 저렇게 작지 않은 것 같은데…… 이미 내디딘 길. 믿으라는 속삭임이 들린다.

"고봉동주민센터 가나요?" 혹시나 해 눈앞에 도착한 도시형 버스의 운전자에게 목적지를 물었다. 가방을 등에 메고 손에는 한 보따리 조화를 든 내 모습은 여지없이 시골댁이다. "앉아계시면 알려드릴께유." 산소까지 데려다 줄 것 같은 안도감이 들었다. 드디어 아버지가 손잡고 일러주던 버스를 만났고 아버지가 다니던 그 버스에 오르는 그 순간, 이미 산소에 다 온 것 같았다. 눈물이 핑 돌아 층계를 헛디뎠다.

엄마의 삼우제를 마치고 내려오는 길에 아버지는 공원묘원 사무실에 들어가 오랫동안 나오지 않으셨다. 우리는 모두 지쳐 있었고 그저 "저 노친네……" 하면서 무시했다. 큰집에 덩그러니 혼자 남을 아버지를 위로하는 자식은 아무도 없었다. 호주로 돌아온 내게 아버지는 하루가 멀다고 엄마 산소 가는 길을 묻고 또 물었다. "호주에 사는 내가 어찌 알아요? 가장 가까운 전철역으로 가서 고양까지 택시 타세요." 건조한 내 대답에도 80대 노인은 미련을 버리지 않았다. 어느 하루는 '고양시에는 전철역이 참 많네.' 하며 전철 역까지 걸린 시간을 꼽았다. 그리고 며칠 후, 전화를 받자마자, "버스가 있단다. 내일 가보려고 한다." 목소리는 사무실이 울릴 만큼 쩌렁쩌렁하다. 전화기는 당신의 흥분을 받아 손이 떨릴 만큼 요동쳤다.

정확히 다음 날 오후 3시, 아버지는 드디어 전철과 버스를 타고 걸어서 엄마 산소에 다녀왔다고 보고하듯이 말했다. 무려 7시간이 걸렸단다. 점심도 굶고 다녀오셨다는 득의양양한 목소리에는 자신감이 뿜어져 나왔다. 배고픔도 잊고 찾아낸 그 길은 자식들 도움 없이 엄마 산소까지 갈 수 있다는 노익장의 과시였지만 얘기를 듣는 내내 목이 메었다.

"차 없이 다닐 수 있는 길을 알아낸 게 신기하지?" 아버지의 자화자찬을 차갑게 무시했었다. 버스 앞자리에서 무심한 듯 포장지 윗부분을 뜯은 양갱을 건네주던 아버지의 손. 눈을 감았다. 또 숨이 막혀 물 한 모금 마셨다. 사탕을 꺼내던 아버지의 때 묻은 호주머니가 떠올랐다, 갑자기 목울대가 움찔거리고 가슴이 답답해 주먹으로 가슴을 툭툭 쳤다. 버스는 골목골목 돌고 이 마을 저 마을을 둘러 한참을 갔다. 아버지는 이 길을 거의 한 달에 두 번 꼴로 다니셨다. 버스는 골목길을 버리고 대로변에 들어섰다. 6월의 뙤약볕은 10시가 조금 넘었을 뿐인데 도심의 수분을 모두 증발시

컸나 보다. 앞서가는 트럭 뒤로 먼지가 버스 창을 덮어 아스팔트 길이 사라졌다가 드러나길 반복했다.

"고봉동주민센터."라는 알림 소리에 벌떡 일어나 버스 뒷문으로 황급히 내렸다. 언뜻 알 것 같은 길이 건물 뒤로 이어졌다. 하지만 기억은 아스라해지고 잘못 가는 게 아닌가 하는 의심이 자꾸 고개를 들었다. 얼마나 가야 하는지 모른 채 걸었다. 집들 사이로 차가 겨우 들어갈 작은길이 보이자 그리로 가야 한다는 느낌이 왔다. 틀리면 다시 내려오지 뭐. 저 멀리 절이 보였다. 맞는 것 같다. 그런데 절 옆으로 길이 있었는데……, 멋진 목탑이 공원묘원으로 난 길을 막은 듯 보였다. 그래도 끝까지 확인해야 했다. 그때 문득 아버지가 휘이휘이 걷고 있는 모습이 눈에 들어왔다. 땀이 흘러 눈에 착시현상이 생겼나 싶어 눈을 깜박거렸다. 여전히 앞서 걷는 구부정한 청회색 점퍼 차림의 어르신이다. 분명히 절을 보고 확인할 때까지 사람은 없었는데. 부지런히 그를 뒤쫓아 절 입구까지 왔다. 내 키보다 한 자 정도 더 높게 깎은 목탑은 다행히 길을 비껴 왼쪽에 서 있었다.

숲길은 여전히 다 쓰러져가는 기와집과 돌벽 옆으로 길게 나 있다. 앞서 걷던 어르신은 사라졌다. 역시 착각일까. 사람들이 잘 다니지 않은 듯, 무성한 잡초들이 길을 막았다. 발목을 덮는 풀들을 헤치며 공원묘원 벽이 보이는 곳을 향해 갔다. 경사진 곳을 오르도록 만들어 둔 흙 계단을 통해 공원묘원의 벽을 조심스레 넘었다. 드디어 목적지에 들어섰다. 등에 멘 배낭 사이로 시원한 바람이 비집고 들어왔다. 땀을 흘리고 걸어 온 내 자신이 뿌듯했다. 전화기 잡음이 귓전에 울리고 잡음 속에서 아버지의 음성이 들려왔다. 내리쬐는 햇빛 아래로 엷은 구름이 몰려오기 시작했다. 공원묘원을 뜨겁게 달구던 햇살이 개기일식처럼 물러서고 있었다. 부모님 산소가 있는 언덕 쪽으로는 눈에 띄게 구름으로 그늘이 덮여가는 모양새다. 마치 엄마가 "이제 오나, 얼마나 기다렸다고!" 하시며 나를 대견하다고 어루만지는 손길이 느껴졌다. 산소까지 한달음에 올라갔다. 부리나케 색바랜 꽃을 바꿨다. 가방에서 식탁보를 꺼내 상석에 펴고 준비한 음식으로 한여름을 맞을 엄마 아버지에게 상을 차렸다.

원당역에서 길을 잃은 내게 앞장서서 이곳까지 같이 와 주신 아버지가 그제야 편히 눕는 소리가 들렸다. 새벽부터 내가 포기할까 봐 걱정스레 같이 걸어오신 아버지께 술 한잔을 올렸다.

아버지. 미안해요.

제임스 딘 가라사대

아버지의 유품 정리를 위해 잠시 한국에 와 있다. 장례를 치른 후 눈에 보이는 대로 대충 정리를 해 뒀지만 와서 보니 여전히 짐으로 가득하다. 이불장 깊숙이 내가 초등학교 6학년 때 만든 베갯잇과 중학교 때 수놓은 이불깃이 숨어있다. 솜씨 좋은 언니의 작품들도 간단한 메모가 붙은 채 차곡차곡 쌓여있다. 하지만 형제들 누구도 아버지 집에 있는 물건들을 가져가려 하지 않는다. 자신들 물건조차 외면한다. 버리려고 한쪽으로 모은다.

거실을 대충 정리한 다음 부엌으로 향했다. 부엌 뒤, 선반 위에 엄마가 사용하던 주방용품들이 쌓여있다. 크기별로 차곡차곡 엎어두어 별로 많아 보이지 않았지만 막상 옮겨놓자 그 양은 엄청나다. 선반 제일 아래에 포장 박스에 담긴 빵 기계가 눈에 들어온다. 먼지가 소복이 앉은 박스를 연다. 시간에 절은 버터 냄새가 코끝에 와 닿는다. 잠시 그 냄새를 느끼는 순간, 제임스 딘! 옆집 살던 멋진 남자가 떠오른다.

호주로 이주 후 아이가 생기면서 아파트에서 허름하지만 주택으로 이사했다. 반듯하고 깔끔한 집은 가난한 유학생 부부에겐 사치였다. 이 집으로 이사를 결정한 후 이삿날 아침까지 남편에게 심술부렸다. 나는 아기 의자 옆까지 부엌세간을 가득 싣고 이삿짐 트럭 뒤편에 겨우 주차했다. 자리가 부족하여 옆집 주차장에 걸쳐 차를 세웠다. 그 순간 파란색 낡은 차가 내 뒤를 아슬아슬하게 지나 잔디밭 위에 섰다. 옆집 차 같았다. 미안한 마음에 급히 창문을 내리고 차를 빼겠다는 신호를 했다. 하늘이 비친 창문이 반쯤 내려오고 그 속에서 긴 손가락 두 개가 X를 보였다. 괜찮다는 뜻이다. 마음이 놓였다. 곧이어 차 문을 열고 나온 그는 날씬한 뒤태를 보이며 집 안으로 사라졌다. 잠시 후, 허물어져 가는 담장 너머로 노랑머리의 멋진 사내가 내 품에 안긴 아기에게 손을 흔들어 주었다. 싱그런 그의 미소는 분명히 나를 향하고 있었다. 깨끗한 집으로 이사를 못 가는 남편에 대한 원망이 바람처럼 날아갔다. 내 삶에 엄청난 선물이 될 것 같았다.

 새벽부터 시작된 이사는 점심시간이 조금 지나 끝났다. 오후의 햇살이 넘어가는 그때, 밥 짓는 냄새가 집 안을 가득 채우고 담을 넘었는지 어디선가 '음. 야미…' 하는 소리가 들렸다. 건너편 창문 너머에서 콧날이 오뚝한 그가 앞머리를 긴 손가락을 세워 뒤로 넘기며 그림처럼 얼굴을 내밀었다. 열어 둔 부엌 창에 영화 포스터가 펼쳐진 듯했다. 손을 뻗으면 닿을 듯, 칠이 벗겨진 창문 안에서 나를 향해 그윽한 미소를 지었다. 태연하게 인사를 받았지만 가슴은 쿵쾅거렸다.

이사한 다음 날 저녁, 창문 두드리는 소리가 들렸다. 기절하듯 놀라는 내 앞으로 장난기 가득한 얼굴이 보이고 '기브 미 유어 디너'라며 자신의 접시를 두들겨댔다. 손을 뻗어 감자볶음에 장조림, 멸치 고추볶음과 방금 지은 밥을 그의 접시에 담아 건넸다. 저녁을 먹으러 식탁에 앉는데 "앤드루" 하며 부르는 소리가 들렸다. 창문 턱에는 오븐 접시가 방금 오븐에서 꺼낸 듯 뜨거운 열기를 뿜으며 놓여있었다. 구운 닭 반 마리와 호박과 당근 위로 갈색 버터가 자글자글 끓고 있어 청각과 시각, 그리고 후각을 자극했다. 우리는 탄성을 질렀다. 나와 눈이 마주친 그는 자신의 접시를 들어 보였다. 깨끗하게 빈 접시다. 내가 준 저녁 요리를 완벽하게 소화했다고 검사받는 학생처럼 웃었다. '딜리셔스 세실리아.' 그날 이후 나를 부르는 애칭이 되었다. 이렇게 우리는 바스러질 듯 서 있는 담장 사이로 작은 접시를 주고받으며 우정을 나눴다. 영화 속 같은 날들이 이어졌다.

어느 날 새벽, 출근하려던 남편 차에서 이상한 소리가 났다. 새벽이라 자동차 응급 수리를 해 주는 NRMA 서비스를 불렀다. 한 시간 정도 기다리라고 했다. 그때 옆집 총각이 잠이 덜 깬 채 눈을 부비며 문을 열었다. 아직 곤히 자고 있을 시간인 오전 6시 10분. 우리의 부산함이 그를 깨운 셈이다. 잠옷 바람으로 나와 서 있는 나에게 눈길도 안 주고 남편에게 가서 차의 보닛을 열고 몇 가지를 만졌다. 새파랗게 젊은 네가 뭘 아냐? 남편은 한국말로 면

박을 줬다. 그 말을 알아들을 리 없는 그가 만면에 웃음을 지었다. 잠시 후 뒤뜰에서 커다란 손수레를 끌고 나왔다. 수레는 자동차 엔진오일부터 차를 들어 올리는 기계까지 다양하게 갖춰있었다. 완벽한 이동식 정비소였다.

오래된 차여서 엔진오일을 자주 보충해 줬어야 하는 것을 몰랐던 탓이다. 점검 시간이 꽤 남아있어 잡음이 들려도 무시했단다. 그는 익숙하게 다 닳은 손 빗자루로 얼룩진 엔진룸의 기름때를 쓸어냈다. 마치 정비사처럼 몇 가지를 점검한 후 자신의 수레에서 엔진오일을 꺼내 남편 차에 듬뿍 넣었다. 그러는 사이에 NRMA 정비사가 도착하여 차 시동을 걸었다. 몇 가지 점검하더니 별문제 없다며 그의 활약에 '엄지척'을 해주고 가 버렸다.

자동차는 언제 문제가 있었던가 싶게 시원하게 소리 내며 남편과 함께 사라졌다. 멋진 총각은 완벽한 일 처리에 놀라는 내게 싱긋 미소를 지었다. 곧 주섬주섬 흩어진 공구와 기름걸레, 다 닳은 손 빗자루까지 수레에 담고는 자기 집으로 밀고 갔다. 제임스 딘이 청바지에 쓱쓱 손을 닦은 후 기름 묻은 걸레를 휙 밀차에 던지는 모습, 영화 '자이언트'의 한 장면이었다. 그 순간, 집 안에서 아기 울음소리가 들렸다.

며칠 후 그가 쓰던 몽당빗자루가 생각나 비슷한 모양의 손 빗자루를 샀다. 그 집 문 앞에서 빗자루와 쓰레받기가 담긴 봉투를 건넸다. 그는 봉투를 열어보더니 웃었다. "그거, 우리 아버지 때부터 쓴 거야. 나 안 바꿔." 그러면서 집 안으로 들어오라며 문을 활짝 열어주었다. 매릴린 먼로 사진이 천정 끝부터 한쪽 벽면을 가득 채운 채 방문객을 굽어보았다. 그 아래에는 금방이라도 그녀가 내려와 누울 것처럼 소파가 놓여있었다. 뜨게 이불이 소파 팔걸이에 걸쳐있어 그녀를 위한 준비 같았다.

　손으로 이불을 만지는 나를 보더니, 돌아가신 할머니가 뜬 무릎덮개라고 알려주었다. 식탁은 아버지가 40여 년 전에 만든 것이며 장식장에 있는 도자기는 엄마의 할머니 작품이라고 자랑한다. 엄마의 할머니라니, 50년도 더 된 물건인 셈이다. 이 집도 아버지가 대학 다닐 때 할아버지가 사준 것을 자기가 물려받은 것이라고 덧붙인다.

　"담장도 좀 고치고 살아야겠어." 잔소리하는 내게 "그치, 좀 고치긴 고쳐야 하는데. 내가 좀 게을러서." 자기를 인정하는 그 말보다 자신이 직접 고쳐야 한다는 말에 놀랐다. "우리는 뭐든 직접 하려고 해서 호주의 산업이 발전을 못 해. 각자가 자기 일만 하면 되는데. 난 내 직장 생활을 열심히 하며 집 고치는 것은 목수에게 맡기고 음식은 식당에 가서 사 먹고 커튼은 커튼 집에 맡기고 대신 우리는 오래된 것들도 소중하게 사용하면 되는데, 그게 안 되네……." 그리고 보니 나와 수시로 떠드는 부엌 창문의 커튼이 떨어져 있었다. 얼마 전 고쳐주었던 커튼은 거실에 달려있었다. 우리 집에서 반만 보여 궁금했던 거실에는 내 손길이 닿은 커튼으로 아늑한 분위기가 느껴졌다. 마치 내가 모든 것을 만들어 준

듯, 흐뭇했다.

  부엌 선반 위에 소중히 보관해 둔 빵 기계는 이사한 그해 가을, 아버지가 엄마에게 준 선물이었다. 주말마다 엄마는 다양한 모양의 빵을 만들어 경로당 어르신들과 이웃들에게 나누곤 했다. 그날의 버터 냄새가 방금 오븐에서 꺼낸 듯 여전히 향기롭다. 엄마는 이 기계를 무척 좋아했다. 새집으로 이사와 모든 것이 현대화된 집에서 부모는 우리들이 만든 이불깃과 베갯잇을 보관해 두었다. 엄마가 쓰러지던 그해, 우리 집에 오셔서 빵을 만들어 주시기로 했었다. 호주를 다녀간다는 설렘과 딸과 손주들에게 엄마의 맛을 보여줄 수 있을 거란 기대로 행복하셨을 게다. 빵 기계 뚜껑을 닫은 후 선반 위에 소중히 올려 두었다. 버리려고 모아두었던 물건 중에서도 추억이 깃든 몇 개는 제자리에 도로 갖다 두었다.

  아파트 창문 너머로 제임스 딘 거실이 어른거린다.

집, 너를 위한 변주곡

김 선생님.

집을 옮기시려고요? 제 얘기를 들어보시렵니까? 지금 연세가 어떻게 되시나요? 돈이 많으시다고요? 네, 부럽습니다. 나중에 연세가 더 드시면 수발해 주실 분이 계시나요? 며느리나 따님은 수발 대상자에 넣으시면 안 되죠. 그들도 그들의 삶을 살아야 하는 권리가 있습니다. 자식에게 의무를 강요하는 세상은 이제 지나갔습니다. 가끔 찾아와 말동무해 주는 정도라도 감지덕지 해야 하는 세상이 다가옵니다.

아, 그렇다고 선생님을 무시하는 것이 아닙니다. 저는 그저, 저세상 문 앞에 도달할 때까지 적어도 남의 손 빌리는 것을 줄여야 한다는 노파심에 한마디 건네려 합니다. 그런 얼굴 짓지 마세요. 주머니가 가벼워서라고요?

글쎄요. 그나마 우리 친구들은 호주 땅에 발 딛고 사는 덕에 노후 걱정은 말라고 합니다. 물론, 선생님은 재력이 있으시니 호주 정부의 자선에도 신경을 쓰지 않고 또한 남의 손을 빌리는 것에 하등 힘들지 않으시겠지만, 저는 정부에 기대어 노후를 보내려니 체면과 현실 사이에서 자존심을 엎었다 세웠다 하고 있습니다.

요즘 슬슬 죽을 때까지 머물 집을 찾는데 옆에서 그러네요. 85살이라고 생각하고 집을 사라고요. 맞는 말입니다. 85세라면 호주에서도 운전 면허증을 줄까 말까 고민하는 나이. 눈 검사, 신체 반응 검사에 청력 검사도 한다던데, 잔인하게 들릴지 모르지만 더 이상 청춘이 아니라는 얘기겠죠. 85세 늙은이가 집 관리를 어떻게 하겠습니까. 그래서 제법 좋은 집, 깨끗한 집, 손을 댈 필요가 없는 집을 사려는데 연세 든 형님들이 극구 작은 집을 사라고 하네요. 심지어 방 두 개도 크다고 합디다.

아이고, 선생님이야 일할 분을 부르면 되지만 저의 입장은 좀 다르지요. 요즘 인건비가 천정부지로 오르고 있습니다. 그러니 앞으로 10년 정도 지난 후에는 집 관리비가 너무 비싸질 거라 내 집 관리를 제가 직접해야 할 겝니다. 지금 멋진 집도 쇠락해질 거 아니겠습니까. 손봐야 하는데 작은 집이면 조금씩 할 수 있으려니 싶지만, 너무 큰 집은 엄두도 못 낼 것 같습니다. 심지어 거실에서 방으로 부엌으로 서너 발짝 떼 놓으면 닿는 거리여야 내 손으로 밥이라도 끓여 먹을 수 있겠죠. 이 생각을 하면 집을 줄여 가야 하지만 자꾸 망설여집니다.

에구구, 방 두 칸에 주방이랑 쬐끄만 거실, 그런 집에서 어찌 살아요. 아내의 소프라노 섞인 잔소리가 벌써 귀에 쟁쟁 울립니다. 남사스럽게 어떻게 방 두 개 짜리로 가요? 분명히 이렇게 첫 마디가 튀어나올 겝니다. 넓은 집에서 작은 집으로 옮기면 주변에서 수군거려 뒤통수가 따가운 건 사실입니다. 장사하던 아들이 망해 집 팔아서 보태줬느니 딸이 사위랑 이혼하게 생겨서 이혼을 무마시키려고 집 팔았느니. 아무리 아니라고 해도 믿지 않는 게 작금의 세태랍니다. 핑계 삼아 집을 줄이고 평생 벌어 모은 돈 자랑 하고픈 욕심도 있지요.

하지만, 이렇게 마음을 다잡은 이유는 또 있답니다. 노인복지수당을 받으려니 집이 크면 안 된다고 하네요. 우스갯소리로 국가공무원이라고 불리는 노인복지수당이랑 집이랑 무슨 상관이냐고요? 90세가 되면 집이 커서 관리 못해 팔아버리면 복지 수당이 끊어진다고 하네요. 왜냐하면 10년 단위로 집값이 폭등하는 호주에서는 살던 집을 작은 것으로 옮기면 차액이 생기지요. 그 돈은 그대로 드러나는 돈이라 내 재산이 늘어나는 양상이 되지요. 정부 수당 수령인이 집을 팔아 현금 재산이 통장에 남아 90여만 달러가 넘으면 노인복지수당을 주지 않는다고 하네요. 숨기라고요? 어허!, 호주에서는 그게 통하지 않습니다. 금융실명제가 한국에만 있나요? 호주는 오래전부터 센터링크 시스템이 나의 모든 것을 알고 있습니다. 빅브라더라는 영화를 아시죠, 모든 것이 명명백백하게 드러나는 이곳 호주의 삶은 마치 빅브라더의 손바닥 위에서 살아가는 것과 같아요. 어차피 다 아는 내 재산, 있는 대로 보여주는 대신 떳떳하게 받을 건 받는 게 현명한 거 같습니다.

　나는 은퇴 후 국가공무원이 되어 노인 수당을 꼭 받으려 합니다. 구질구질하게 왜 그거 받냐고요? 에고, 그런 말씀 마세요. 우리가 받는 연금을 지금 은행 이자로 계산하면 무려 은행에 2백만 달러를 넣어두고 세금 뗀 돈을 받는 셈이라네요. 노인 연금은 그야말로 황금 거위요, 무덤에 들어갈 때까지 꼬박꼬박 나오는 황금알인 셈입니다. 연금 생활자는 백만장자입니다. 거기에다가 지난 30여 년간 내가 낸 세금이 얼마인데……. 그래서 꼭 받으려 합니다.

　호주는 67세가 되면 내 집을 제외한 자동차나 냉장고, 세탁기 등등 모든 재산이 90만 달러까지 있으면 1달러라도 생활비를 줍니다. 그 돈을 받아서가 아니라 그렇게 하면 정부에서 지원해 주는 많은 복지혜택이 있어서지요. 내가 살고 있는 집은 재산에 포함하지 않는다니 집이 커도 괜찮대요. 하지만, 현관문을 열고 들어서면 써늘한 기운이 느껴지며 발걸음을 뗄 때마다 복도를 울리는 소리, 부엌에서 거실을 지나 안방에 있는 사람을 부르려면 종을 쳐야 할 만큼 큰 집에 사는 것이 행복할까요?

　겨울 해는 빨리도 저무는데 오후 4시경, 쓸쓸한 공기가 흐르는 저택은 더욱 외로울 것 같습니다. 미리미리 이사해서 준비해 놓으려고 생각을 바꿨습니다. 남은 돈을 열심히 쓰고 살다가 나중에 병들어 너싱홈에 가게 되면 집을 맡기고 넉넉하게 지내려고 합니다. 마누라가 먼저 가도 나를 돌봐 줄 호주 복지시설이 있으니 편하지 않겠습니까? 그래서 큰 집으로 옮기려는 계획을 버렸습니다. 내 생각이 현명하지 않습니까?

　언제가 될지 모르지만 넉넉잡아 30여 년 남은 여정을 그려보며 잠자리를 준비해야겠습니다. 하루의 뜨겁던 해가 블루마운틴을 넘긴 지 한참이 지났습니다. 그러고 보니 우리 일생이 꼭 하루 같다는 생각이 드는구려. 선생님은 그런 생각이 들지 않으십니까. 새벽과 아침, 점심과 퇴근 시간이 지난 저녁 그리고 지금의 시간을 돌아보세요. 태양이 시드니 동쪽 바다에서 꿈틀거리며 솟아오르듯, 핏덩이로 태어나서 세상 물정 모르고 뛰어다니던 초등학교 시절. 청년기를 거쳐 세월을 몸으로 부딪치던 장년의 시간이 어느새 지나가 버렸네요.

　해가 뉘엿뉘엿 넘어가고 이제는 바람 한 점에도 고요를 느끼는 저녁 7시가 막 지난 삶. 선생님은 9시쯤이 되었다고요? 아닙니다. 퇴근 후 제2의 인생을 즐기던 한국인의 저력이 우리에게는 남아 있습니다.

　선생님, 이제 겨우 8시라고 자부하십시오. 아직 늦었다고 누군가의 수발을 받기에는 시간이 남아 있습니다. 지난 30여 년 동안 평생 살겠다고 커다란 집을 사며 은행 융자금 받은 것에 짓눌려 애면글면 갚아왔더랬지요. 그렇게 지켰던 이 집을 이제 다른 이에게 보내렵니다. 더 이상 덩그러니 남을 집에 애정을 훌훌 걷어버리고 남은 시간은 좀 더 자유롭게, 넉넉하게 즐겨보려 합니다. 아직 8시가 되려면 조금 시간이 남아 있으니까요.

선생님도 내 생각과 같으시다고요. 인생은 공수래 공수거인데, 수고한 우리에게 이만하면 잘 살고 있다고 위로해 주시고 좋은 꿈 꾸십시오.

청계천 아래, 검은 물의 노래

양철지붕 위의 무지개

장롱 속 푸른 봄

신현숙

서울 태생. 서울사대부고, 국군간호사관학교 졸업, 간호장교로 13년 근무, 소령으로 전역 후 1990년 호주로 이주했다. 문학동인 캥거루에서 활동하며 시와 수필을 쓰고 있다. 내게 있어 글 쓰기란 현재를 살피고 앞으로 살아갈 방향을 가다듬는 행위이다. 좋아서 쓰는 글이라지만, 내 글은 내가 먼저 읽기 위한 것이고, 그다음은 가까운 벗을 독자로 갖고 있기에 가능하다. 사는 동안 지금 무엇을 하며 어떻게 살아가야 할까? 에 대한 답을 찾아가며 글 쓰는 일을 멈추지 않을 것이다. 2012년 호주동아일보 신년문예 시 부문 수상했고, 2015년 재외동포문학상 시 부문 가작, 2021년 선농문학상을 수상했다.

청계천 아래, 검은 물의 노래

 청계천은 한 시대 서울의 속살이었다. 때로는 흐르고, 때로는 멈췄고, 때로는 썩어가는 냄새로 사람들의 삶을 덮었다. 좁은 골목은 늘 사람들로 북적였고, 거기엔 삶의 냄새가 짙게 배어 있었다. 서울 서민층이 가장 많이 모여 살던 그곳은 현대적 편리함과는 거리가 멀었다. 나는 그 강의 바닥 가까운 곳에서 자랐다. 물도, 사람도, 빛도 낮은 곳으로 흐르던 시절이었다.
 밤이 되면 청계천은 어둠 속에 가라앉았고, 사람들은 더 조용히 고단한 하루를 견뎠다. 비가 오거나 추위가 닥치면 생활은 더욱 팍팍해졌다. 공중변소, 영미 다리 위의 노점상, 청계천, 그리고 몸을 파는 여성들, 그 이름들은 60, 70년대 서울의 그림자를 고스란히 품고 있었다. 밤이 되면 청계천은 마치 숨을 죽인 것처럼 조용했다. 바람은 바닥을 훑었고, 매연과 먼지와 고된 하루가 천천히 눕는 시간이었다. 누군가는 담뱃불을 피우고, 누군가는 땅을 베개 삼아 잠들었다. 누구의 것이 아닌, 누구도 바라보지 않는, 그러나 분명히 살아 있는 어떤 삶이었다.

상왕십리, 그곳은 모래와 진흙이 섞인 땅 위에 나무판자를 엮어 만든, 작고 허름한 집들이 닥지닥지 붙어 있었다. 그 속에서 자란 또래 아이들은 버짐 핀 얼굴, 눈곱 낀 눈, 이 끓는 머리, 뺨과 손등엔 늘 콧물이 말라붙어 있었다. 우리 집도 다르지 않았다. 겨울엔 바람이 새고, 여름엔 열기가 그대로 떨어지던 판잣집. 그러나 그 안에서도 우리 식구는 버텼다. 우리의 집은 강 옆 판잣집이었다. 비에 젖으면 지붕에서 물이 뚝뚝 떨어지고, 바람이 불면 문풍지 위로 겨울이 스며들었다. 욕망, 고요, 고통, 이 모든 것 함께 부둥켜안고 살아가는 법을 배웠다.

공중변소의 기억

　우리 동네 판잣집들은 화장실이 없었다. 우리들은 '영미 다리' 밑에 있는 공중변소를 이용했다. 칸막이는 삐걱거렸고, 똥물은 항상 넘쳐 있었으며, 발을 어디에 두어야 할지 몰라 발끝만 세웠다. 그리고 그곳은 악취로 가득했다. 처음엔 무서웠고, 창피했고, 그 악취에 숨이 멎는 줄 알았다. 그러나 가난은 감각을 무디게 했다. 어느새 나는 그곳에서 울고, 그곳에서 배변을 하고, 그곳에서 혼자 되었다.

영미다리 위에서 벌어지는 일들

　청계천 위, 영미 다리는 또 다른 세계였다. 영미 다리는 늘 혼잡했다. 다리 위에는 좌판을 펼친 노점상이 즐비했다. 떡, 오뎅(어묵), 튀김, 순대 같은 음식 냄새가 자욱했다. 그 냄새가 허공을 채우고, 사람들은 그 냄새에 기대어 하루를 견뎠다. 사람과 물건, 연기와 소음이 뒤섞여 하루 종일 붐볐다. 경찰 단속을 피해 허겁지겁 짐을 싸는 노점상들은 삶을 계산하지 못한 채 살았고, 하루 벌이를 위해 싸우는 전사들이었다.

우리도 그 틈에 끼여 오징어, 쥐포, 땅콩을 좌판에 내놓고 장사를 했다. 그러던 어느 날, 남동생이 울먹이며 말했다. 어떤 아저씨가 물건을 고르다 갑자기 판 돈이 담긴 깡통을 들고 도망쳤다고. 쥐포와 오징어까지 들고 튀었다고. 큰오빠는 왜 막내에게 장사를 맡겼냐며 둘째 오빠를 때렸고, 결국 두 오빠는 몸싸움을 벌였다. 그걸 본 아버지는 화가 나 리어카(손수레)를 엎어 다리 밑으로 던졌다. 엄마와 나는 울며 흙에 묻힌 안줏거리를 치마에 담아 다리 위로 다시 올렸다. 훗날, 남동생이 이 기억을 꺼냈지만 나는 전혀 떠올릴 수 없었다. 너무 커다란 충격이라 기억 저편에 숨어버린 것 같았다.

그녀들

청계천과 종로 일대에 몸 파는 여인들이 있었다. 그들은 어두운 화장 속에 무언가를 숨기고 있었다. 가난하거나, 가정에서 쫓겨난 젊은 여자들이었다. 그들은 낮엔 보이지 않고, 밤이 되면 모습을 드러냈다. 술 취한 남자들의 손에 휘둘리기도 하고, 경찰의 단속에 쫓기기도 했다. 자기 스스로를 더럽히면서도 살아야 했던 여자들에 대해 아무도 말하지 않았다. 그들의 삶은 고단했다. 자존감은 부서졌고, 몸은 병들었으며, 내일이란 말조차 사치였다. 그러나 그들도 매일을 살아내기 위해 안간힘을 썼다. 우리는 그들을 멀리서 지켜보았고, 어른들의 수군거림 속에서 그 의미를 알지 못한 채 자랐다. 우리는 그들의 발끝만 바라보며 지나갔다. 사람들은 그들을 '몸 파는 여자'라 했지만, 나는 지금도 그 말이 너무 폭력적이라 생각한다. 그들은 살기 위해 몸을 내어준 사람들이었다.

가난의 끈, 그 안의 온기

나는 상왕십리 판자촌에서 자랐다. 목욕탕도, 난방도 없던 시절. 그러나 웃음은 있었다. 굴러다니는 구슬 하나에 친구를 얻고, 고무줄놀이 하나에 울음을 터뜨릴 수 있었다. 우리는 모두 비슷한 처지였다. 친구들과 시장 골목을 누비고, 친구와 다투며, 삶을 배웠다. 가난은 우리를 묶는 끈 같았고, 그래서 함께 웃고 울 수 있었다.

청계천은 이제 달라졌다. 아파트 건물과 조형물, 인공적 흐르는 물과 그 아래의 조명, 그 위를 걷는 사람들은 그때를 알지 못한다. 그렇지만 나는 알고 있다. 그들은 역사에 기록되지 않은 삶이었다. 그러나 그 아픔은 분명히 존재했고, 어딘가에 남아 쓰이지 않은 역사 속에 누군가의 숨결이 있다는 것을, 그리고 아직도 사라지지 않은 검은 물, 공중변소, 다리 밑 그림자, 매춘 여인의 무

표정. 그리고 다 잊힌 줄 알았던, 그러나 아직도 사라지지 않은 슬픔의 언어라는 것을……,

　나는 지금도 그 시절을 가슴 깊이 간직한다. 가난하고 거칠었던 시간이, 오늘의 나를 만들었다. 그 시절은 내게 세상과 관계를 맺는 법을 가르쳐 주었고, 여전히 나는 배워가는 중이다.

양철지붕 위의 무지개

유유히 흐르는 강물 따라 낡은 동네 하나 서 있다. 한 집 걸러 양철지붕, 녹슬고, 허물어지고, 담은 기울고, 풀꽃은 누렇게 말라 간다. 거미줄 늘어진 울타리 위로 지나간 세월이 숨 쉰다.

비콘스필드 스트리트, 실버워터. 삭막한 동네지만, 저마다 자신을 스스로 위로하며 살아간다. 튀르키예, 파키스탄, 인도, 섬나라 피지, 중국, 베트남, 중동, 그리고 가끔 보이는 한국 사람들이 이곳에 모여 산다. 대문과 담이 없는 집이 많고, 담이 있어도 대부분 허물어져 경계가 불분명하다. 집 안을 살짝 들여다보면, '한 지붕 세 가족' 같다. 집마다 주렁주렁 아이들이 매달려, 헐거운 창문 밖으로 살짝 튀어나올 듯하다.

엎어진 쓰레기통에서 나온 먼지 때문에, 정지된 자동차들이 장난감처럼 보인다. 새벽마다 올망졸망한 사람들이 집 밖으로 쏟아져 나온다. 그들은 상처 많은 차 안에 몸을 구겨 넣고 궁둥이를 붙이고, 바삐 달린다. 잡동사니를 내놓는 날이면, 삶의 부스러기들이 집 앞 마당에 산처럼 쌓인다. 부러진 책상다리, 곰팡이 쓴 카펫, 살이 부러진 선풍기, 속이 멍든 컴퓨터, 삐딱한 냉장고, 뼈만 남은 소파 등이 길바닥에 털썩, 무릎 꿇고 앉아 있다. 그것들은 힘들었던 기억을 하나하나 털어내듯, 그늘 바닥에 서로 기대어 어깨와 등을 토닥이며 체념한 듯 하늘만 바라본다.

번개와 천둥이 쿵쾅 내리치고 바람이 거세게 부는 날이면, 까마귀마저 꺼억꺼억 울음을 뱉어낸다. 동네 길은 검붉고, 옆집 아줌마의 고함이 굵게 퍼지고, 그 집 사내아이들의 반항 소리가 한없이 넓게 번진다. 게다가 뒷집 개 컹컹 짖는 소리까지 뒤섞여 동네가 흔들린다. 돌아가는 이 길은 빛과 어둠이 반복되지만, 그나마 새벽 산책길은 풀꽃 향기로 싱그럽다.

잘려 나간 나뭇가지와 이파리들이 얕은 담장 너머 앞집 안을 기웃거린다. 하모니카 홀처럼 닥지닥지 붙은 단칸방들이 보인다. 그중 방 하나에 세 들어 사는 남자는 새벽에 나가서 캄캄한 밤에 돌아온다. 청바지는 낡아 무릎이 허옇게 닳았고, 얼굴은 퀭하며 늘 표정이 없다. 가끔 새벽 산책길에 마주쳐도 인사 없이 지나친다. 서로 멀뚱히 바라보는 사이, 차가운 냉기만이 맴돈다.

나는 이런 마음을 위로받기 위해 뒷마당에 꽃밭을 만든다. 다육식물, 보랏빛 나팔꽃, 분홍 붓꽃이 내 친구들이다. 다육식물 이

파리를 하나씩 떼어 심으면, 며칠 지나지 않아 그 자리에 많은 다육식물이 얼굴을 삐죽 내민다. 꽃이 필 무렵이면, 은은한 파스텔 색깔의 꽃들이 뒷마당을 장식하여, 알록달록 따스한 풍경이 동네의 침침한 분위기를 위로한다. 마치 얼음처럼 차가운 방에 한 줄기 빛이 들어오는 것처럼, 침대 밑에 숨어 있던 먼지 알갱이까지도 반짝인다.

먼동이 터오는 새벽, 갑자기 소나기가 쏟아진다. 창문에 걸쳐 있던 나뭇가지의 껍질이 벗겨진다. 창밖의 삭막함을 떨쳐내려고 나는 종종 트로트를 불렀다. 창문 가까이에 보이는 나뭇가지 위에서 떨고 있던 새 한 마리가 내 입술 모양을 흉내 내듯 재잘거린다. 비가 멈추자, 양철지붕 위로 무지개 한 줄기 번진다. 행운이 오는 걸까, 햇살 한 줌이 통증 많은 내 손목 위에 살포시 내려앉는다.

장롱 속 푸른 봄

　서른여섯에 장가든 아들이 상자 하나를 보관해 달라고 했다. 상자 속에 무엇이 있기에 숨겨야 하냐고 묻자, 첫사랑의 편지와 엽서 그리고 파일을 담은 메모리 칩이 들어 있다고 했다.
　"아니, 버리지 않고는?"
　"아직은요. 때가 되면 그때 버릴게요."
　아들의 부탁으로 그 상자를 장롱 깊숙이 넣어 두다가, 문득 내 젊은 시절이 떠올랐다.

　서울에서 고등학교를 졸업하고 대구로 유학을 갔다. 집안 형편이 어려워 일반 대학 진학은 무리였다. 국가 장학금으로 다닐 수 있는 국군간호사관학교에 지원했다. 생각보다 경쟁이 치열해 기대를 접었지만, 합격 통지를 받았을 땐 정말 기뻤다. 힘든 훈련을 마치고 무사히 입학했다.
　고교 시절 움츠린 날들을 훌훌 털고, 대학 생활에 최선을 다하리라 다짐했다. 간호대학 건물뿐 아니라 군의학교와 군 병원이 함께 있었고, 다른 지역에서 모인 학생들과 함께 기숙사 생활을 했다. 군이라는 특수한 환경 탓에 중도 포기한 친구도 적지 않았다.

1학년 겨울방학 무렵, 경북대학교 학생들과 첫 미팅이 있었다. 남학생 넷, 여학생 넷. 각자 짝이 정해지고 데이트를 이어갔다. 한 달쯤 지난 어느 날, 남학생 중 한 명이 독서 모임을 제안했고, 그 후로 우리는 여덟 명이 함께 책을 읽고 토론하며 주말을 보냈다.

책을 빌려와 나눠주고, 다음 모임에서 의견을 나누었다. 대구 시내를 누비며 놀고, 점호 시간에 늦어 벌을 서기도 했다. 근교로의 산책, 여행, 책 속 세상을 나누는 일들은 내게는 새로운 세상과의 만남이자, 설레는 성장의 시간이었다.

그중 한 남학생과는 점점 가까워졌다. 그는 문예학과는 아니었지만, 김춘수 시인의 제자라며 문학, 인문학, 철학에 관해 이야기를 나눴다. 그와의 만남은 내 안의 빛을 하나하나 켜주는 일이었다.

2학년 중간고사 기간, 중대장이 나를 불렀다. 남학생이 학교 담을 넘어와 나를 찾았다고 했다. 나는 헌병대 취조실로 불려 갔고, 숨이 막힐 듯 긴장했다.

"왜 군부대에 무단침입했는가?"

군사경찰의 매서운 추궁에 그는 고개를 푹 숙였다.

"……. 여기 있는 여학생을 좋아합니다. 꼭 전해야 할 말이 있었습니다."

그 말에 나는 아무 말도 못 한 채, 냉가슴을 앓았다.

그는 이틀을 취조실에서 지냈고, 시내와 학교에 소문이 퍼졌다. 다행히 그의 누나가 취조병의 딸, 선생님이라는 인연 덕분에 그는 무사히 풀려났다. 그러나 나는 한 달 동안 불침번을 서고, 매일 반성문을 써야 했다. 중대장은 자퇴를 권했다.

"떠나면 갈 데가 없습니다."

구대장이 중대장을 설득해 주었다. 그리고 남학생이 쓴 편지를 전하며 나를 안심시켰다.

"그 친구, 참 순수하더라. 혹시 다시 만나거든 오해했다고 전해 줘. 커피 한 잔 꼭 사겠다고도 하더군."

그 일을 계기로 우리는 더욱 가까워졌다. 우리는 네 해 넘게 사귀었고, 결혼을 생각할 정도로 깊은 사이가 되었다. 그러나 양가 모두 반대했다. 우리 집은 "글쟁이와 살면 고생한다."라고 했고, 그의 집은 "군인은 며느릿감이 아니다."라고 했다. 결국, 우리의 사랑은 가슴 시린 첫사랑으로 남았다.

그가 보낸 두루마리 한지 편지, 삶의 이야기들이 담긴 편지를 나는 상자에 넣어 간직했었다. 하지만 호주로 이주하면서 모두 태워버렸다. 아들의 푸른 상자를 보니, 내 첫사랑이 아스라이 떠올랐다. 한순간 가슴이 설렜다. 조금은 후회도 되었다. 그 편지들을 남겼다면, 한 권의 푸른 수필집이 되었을 텐데…….

녹아버린 하루

기억하라 1970

말 뺑소니

김미경

호주 시드니 거주. 경기도 파주에서 유년 시절을 보내고 의정부에서 성장했다. 1998년 호주 시드니로 이주. 이민 초기 남편과 함께한 사업이 모두 실패의 연속이던 시절, 인터넷 블로그에 하소연하듯 글을 올리는 것이 마음을 푸는 유일한 수단이었다. 그렇게 시작된 글쓰기가 수필이라는 문학세계에 발을 들여놓게 되었다. 현재는 쇼핑센터 주방용품 가게에서 판매원으로 일하고 있다. 2009년 계간 『문학시대』 수필 등단. 2015년 『배틀한 맛을 위하여』 출간. 2022년 해외 한인 5인 공저 『바다 건너 당신』 출간. 현재 문학동인 캥거루와 수필U시간 동인으로 활동하고 있다.

녹아버린 하루

단톡 창에 메시지와 함께 영상이 하나 올라온다. 화면 속은 온통 하얀 세상이다. 카툼바 산마을에 눈이 펄펄 내리고, 나뭇가지마다 흰 눈으로 소복하다. 이곳에서 2시간 거리에 있는데 완전히 다른 세상이다. 자동차들은 지붕 위에 소복이 쌓인 눈을 털어내지 않고 엉거주춤 달리고 있다. 이곳은 눈이 너무 귀하다 보니 눈 소식을 들으면 북반구에서 보내오는 편지처럼 반갑다.

'나도 가야지! 어서 눈을 만나러 가야겠다.' 나는 누가 잡아당기기라도 한 듯 망설임 없이 자리에서 벌떡 일어난다. 부리나케 옷을 입으려니 급한 마음에 손이 떨려서 단추도 얼른 채워지지 않는다. 블루마운틴 찬바람에 대비해 목도리를 칭칭 감는다. 단단히 채비하고 밖으로 나오니 차가운 집 안 공기와는 달리 바깥 날씨는 따뜻하다. 집 근처 기차역을 향해 걷는 데 마음과는 달리 걸음이 더디다. 기차역으로 들어서는 순간, 쓰고 있던 안경이 스르르 떨어진다. 연결 부분 나사가 빠졌던 모양이다. 공연히 불길한 생각에 마음 한 자락이 불편해진다. 파라마타에서 다시 카툼바행 기차로 갈아타고 자리에 앉는다. 기차는 제법 많은 사람으로 북적인다. 아이들과 함께 탄 가족들 모습이 눈에 띤다. 손에 낀 두툼한 장갑은 벌써 눈사람 만들 기대에 부풀어 있는 듯하다. 누구라도 불러서 같이 가자고 할 걸 그랬나 하는 생각이 스친다. 급하게 나오느라 생각할 여유가 없었다.

 시드니의 겨울은 6월부터 8월이다. 한겨울에도 영하로 내려가지 않아 눈 내리는 풍경을 볼 수가 없다. 겨울로 들어서면 가끔 블루마운틴에 눈이 와도 설경을 직접 보게 되는 건 행운이다. 어쩌다 기온이 떨어지는 날 눈을 기대하며 블루마운틴으로 달려가지만, 늘 허탕을 친다. 펑펑 내리는 눈을 본 지가 언제인지 까마득하다.
 파라마타에서 출발한 기차가 블루마운틴 초입의 스프링우드를 지나는데도 창밖은 여전히 햇살이 쨍쨍하다. 유칼립투스 잎사귀들조차 오늘따라 더 푸르게 반짝인다. 이대로 가면 정말 눈을 볼 수 있을까, 걱정이 스멀스멀 밀려오기 시작한다. 맑은 날씨에 눈이 녹았다 해도 흔적이라도 조금은 남아 있겠지. 카툼바는 산악 지역이니까 기후가 여기와는 다를 거라고 애써 불안한 마음을 누른다. 이제 곧 눈을 만난다고 생각하니 눈과 관련된 사소하고 오래 묵은 기억들이 한꺼번에 떠오른다.

첫눈 오는 날 만나자던 약속. 광릉내 울창한 숲속으로 걸어 들어가면 펼쳐지던 아무도 밟지 않은 눈밭. 낙엽 위에 쌓인 눈을 밟으면 무릎까지 푹 빠지며 발밑으로 나뭇잎이 바사삭 부서지던 소리. 언제나 곁에 있을 것 같던 그리운 추억들은 모두 지구 저편에 있다.

드디어 기차가 카툼바역에 멈춘다. 차가운 바람이 품속으로 파고든다. 얼른 지퍼를 올려 옷을 여미고 주위를 둘러본다. 어디에도 눈은 보이지 않는다. 에코 포인트로 가면 눈 구경을 할 수 있겠지. 기차에서 내린 사람들 발걸음도 바쁘다. 에코 포인트로 향하여 걸어가다 보니 어느 순간 아무도 보이지 않는다. 뻔한 길이라 생각했는데 갑자기 길 한가운데서 막막하다. 휴대전화 내비게이션을 켠다. 내비게이션이 일러주는 대로 걷는다. 어느 공터 앞을 지나는 데 희끗희끗한 게 보인다. 눈이다. 얼른 다가가서 손으로 만져보니 정말 눈이다. 손바닥엔 눈물 같은 물 한 방울 남는다. 서둘러 영상 속의 장소로 향한다.

드디어 에코 포인트다. 바람이 거세다. 세 자매 봉 밑으로 펼쳐지는 블루마운틴 산자락만 더욱 웅장하게 다가선다. 눈은 온데간데없다. 분명 오늘 아침 지인이 올린 사진과 영상에는 눈이 내리고 있었다. 아무리 날씨가 따뜻하기로 그새 다 사라져 버렸나? 눈이 쌓여 조심조심 걷던 풍경은 신기루였던가? 눈 소식을 듣고 찾아온 사람들은 블루마운틴의 풍경만 하염없이 바라본다. 세찬 바람 때문에 손에 쥔 휴대전화를 떨어뜨릴 것 같다. 세 자매 봉을 배경으로 사진을 찍으려고 셔터를 누르는데 전원이 스르르 꺼져 버린다. 서둘러 나서느라 배터리 상태를 확인 못 했다.

  허탈한 마음으로 되돌아 기차역으로 터덜터덜 걷는다. 어느 집 앞에 발이 멈췄다. 둥글고 큰 눈사람이 반쯤 녹아내려 긴 치마를 입은 모양으로 서 있다. 물끄러미 바라보고 있는 내게 말을 건네는 듯하다.

  '봐! 눈이 온 거 맞지?'
  '그래, 눈이 오긴 왔었구나.'

  순간 뺨으로 물기 같은 것이 느껴진다. 올려다보니 어둑어둑해지는 하늘에 너무도 가는 먼지 같은 눈이 날린다. 다시 눈을 빚기엔 하늘이 힘에 부치나 보다. 나도 그만 다리에 힘이 풀려 털썩 주저앉는다. 눈이 그리운 이의 편지라도 되는 양 종일 홀린 사람처럼 시간을 보냈다. 돌아오는 내내 서운한 마음이 가시질 않는다. 아침에 안경이 고장 난 것이 무슨 예시였나. 눈 소식을 조금만 더 미리 알고 일찍 출발했더라면 만날 수 있었을 텐데. 기다려주지 않고 떠난 애인을 찾아 헤매다 나의 하루가 다 녹아버렸다.

기억하라 1970

낡은 졸업 사진 한 장을 받았다. 빛바랜 사진에서 단박에 그를 찾았다. 사진 속 많은 사람 중에서 바로 짚어 낼 수 있을 정도로 그의 모습은 도드라져 있다. 언젠가 TV에서 옛 기억의 사람을 찾아가는 방송을 보면서, 제일 먼저 떠올랐던 사람이 그였다. 누군가 나더러 이상형이 어떤 사람이냐고 물으면 나는 눈빛이 맑아야 한다며 은연중에 그를 떠올리며 말했다. 내가 쓰는 이메일 비밀번호를 잊었을 때 기억을 돕는 힌트도 그의 이름이다. 그러나 정작 그를 찾아보려는 노력은 하지 않았다. 무의식 창고에 가두고 마음속으로만 그리워했다.

그와의 인연은 초등학교 4학년 때부터다. 나는 그가 교사로 임용되어 와서 맡은 첫 학급의 학생이었다. 파릇파릇하고 열정이 가득한 선생님이었다. 바라보고 있으면 주위가 환하게 빛이 났다. 눈빛이 맑고 목소리는 또렷하여 수업 중에 절대로 딴생각할 수가 없었다. 우리 반은 6학년 때까지 반 편성도 하지 않고 그대로 함께 올라갔다. 그는 아이들 속속들이 사정까지 훤히 꿰뚫었다. 그는 어린 내게 '빛'이었다. 매일 수업을 마치고 나면 한 시간씩 붓글씨를 가르쳐 주었다. 방과 후 특별한 취미활동이 없던 시절 우리 반 아이들이 먹물 냄새와 친해지게 된 것도 그 덕분이었다.

6학년이 되던 무렵 내가 살던 동네에 새로 중학교가 세워졌다. 오래전부터 있던 중학교는 그해부터 남학생만 받고 여학생은 신설 학교로 가야 했다. 엄마는 새로 생긴 학교는 전통이 없다며, 역사가 깊은 다른 중학교로 가길 원했다. 엄마가 원하는 중학교로 가려면 그 구역에 있는 초등학교에 다녀야 했다. 결국 6학년 1학기를 마치고 전학 가게 되었다. 나 혼자만 학교 근처 아는 사람 집 주소로 전입했다. 요새 말로 하면 '위장전입'이다. 도대체 엄마가 말하는 '전통'이라는 것이 뭔지 한 학기만 더 다니면 졸업하는데 정든 친구들은 물론이고 그와 작별해야 했다. 그 바람에 옛 친구와 졸업 사진도 찍지 못했다.

새로 옮겨간 학교는 한 학년에 두 반뿐인 시골 작은 분교였다. 학급도 많고 학교 정원이 아름답기로 유명했던 예전 학교와 비교하면 너무 초라했다. 선생님은 첫날 인사를 시키며 내게 노래를 부르라고 했다. 기죽지 말고, 당당해지라던 엄마 말이 생각나서 주저 없이 두 손을 모으고 노래를 불렀다. 평소에 소극적이지만 아이들 앞에 나가서 노래 부르는 것을 은근히 좋아했다. 그때는 내가 정말 노래를 잘하는 줄 알았다.

학교 가는 길은 멀었다. 집에서 학교 종소리가 들리던 코앞에 있는 학교를 두고 30분을 넘게 버스를 타고 다녔다. 지금은 없어진 작은 합승 버스였다. 매일 아침 버스를 타고 예전 학교 앞을 지나칠 때면 혹시나 아는 얼굴이라도 보일까 하는 생각에 고개가 저절로 돌아갔다. 버스가 비탈진 산길을 돌아가는 길목에 서낭당이 있었다. 나무에는 울긋불긋한 헝겊들이 매달려 바람에 나부꼈다. 비가 오는 날이면 마치 미친 여자의 산발한 머리채 같아 으스스했다. 나는 차창 밖을 보지 못하고 눈을 질끈 감았다. 우당탕탕 비포장 시골길을 달리면 버스의 움직임에 따라 뺨도 흔들리고 엉덩이가 들썩거리다가 껑충 뛰어올랐다. 나는 처음에 무서워 움츠리는데, 차에 탄 학생들은 까르르 웃었다. 버스가 산비탈을 돌 때는 유난히 흙먼지를 일으키며 덜컹거렸다. 산비탈로 버스가 곤두박질할 것만 같았다. 교회를 다니지 않았는데 나도 모르게 주문처럼 기도하곤 했다. 버스는 늘 콩나물시루처럼 학생들이 꽉 차 있었다. 버스 출발지에서 타서 앉아서 가지만 편히 갈 수가 없었다. 서서 가는 학생의 가방을 받아주어야 했다. 가방 몇 개를 무릎에 받아주면 가방 더미에 갇혀버렸다. 꽉 찬 학생들 틈바구니에 숨도 못 쉬다 버스에서 내리면 옷은 온통 구겨지고 후줄근했다.

어느 날, 학교 대표로 서예 대회에 나가게 되었다. 학교에서 붓글씨를 제대로 쓰는 사람이 없다 보니 내가 눈에 띈 것이었다. 수

업을 마치고 교감 선생님 앞에서 붓글씨 연습을 했다. 교감 선생님은 필체가 참 좋다며 연신 칭찬했지만, 대회에 나갈 만큼의 실력은 아니라는 것을 잘 알고 있었다. 그때 바로 대회에 나가지 않겠다고 말했어야 했다. 선생님의 칭찬 세례에 차마 그 말을 하지 못했다. 신문지나 갱지에 '우리나라', '대한민국' 등 기본적인 글자를 사나흘 연습하는 걸로 대회 준비를 했다.

마침내 대회 날이 되었다. 나는 달랑 교감 선생님과 함께 갔는데, 군 단위 각 학교에서 많은 학생이 와 있었다. 대회장에 들어서니 그가 와 있어서 놀랐다. 그도 우리 반 반장이던 남자아이를 인솔하고 대회에 온 것이었다. 그는 내게 학교 대표로 출전했냐며 무척 반가워했다. 나는 쑥스러워 말도 제대로 못 하고 겨우 인사만 했다.

대회의 시제는 내게 충격이었다.

'아버지 날 낳으시고 어머니 날 기르시니'로 시작되는 송강 정철의 훈민가를 써야 했다. 겨우 넉 자나 여덟 자 정도의 글자 연습을 하고 나갔는데 마흔 자가 넘는 시조는 내게 무리였다. 화선지는 한 번도 써 본 적이 없었다. 게다가 작은 글씨로 세로로 내려써야 했다. 눈앞이 캄캄했다. 화선지 접는 일부터 난감해서 파랗게 질려 있는 내게 그가 다가왔다. 화선지를 글자 수에 맞춰 접어주고 먹물을 진하게 갈아주었다. 떨지 말고 잘하라고 다독였지만, 바들바들 떨며 삐뚤빼뚤 엉망이었던 것 같다. 그를 다시 만난 기쁨은 속마음 저편으로 달아나서 아무 말도 하지 못했다. 얼굴은 벌겋게 달아오르고 창피하고 속상해서 눈물이 흘렀다. 내가 그렇게 좋아하던 사람 앞에서 망신스런 모습으로 남고 말았다. 그날의 장원은 그가 데리고 온 남자아이 차지였다. 나를 바라보던 안타까운 그의 눈빛과 달리 거만한 표정이던 남자아이의 눈빛도 잊히지 않는다.

옛 친구가 보내온 낡은 졸업사진을 보다가 가만히 쓰다듬는다. 나란히 늘어선 친구들의 모습을 짚어본다. 줄무늬 셔츠를 입은 태춘이, 동진이, 키다리 복순이, 은자, 선희가 있다. 이 사진 속에 나는 없다. 그때 시간에서 멈추어 뚝 떨어져 나간 기억들이 사진 속에서 그와 함께 걸어 나온다. 그의 카랑카랑한 목소리가 들리는 듯하다. 기억은 어제 일처럼 손에 잡힐 듯 선명하여 더욱더 그립다.

말 뺑소니

"오늘 여기 모임에 오려고 준비하면서 다들 쭉쭉 빵빵이라 나서기 망설였는데, 아! 미경 씨가 있다고 생각하니 마음이 놓여서 편하게 왔어요."

C 선생이 회원들이 다 모인 자리에서 말했다. 순간, 나는 멍해졌다. 사람들은 멈칫하다 어색한 웃음을 터뜨렸다. 나는 바로 무슨 말이라도 해야 했는데 너무 당황해서 뭐라 말도 못 하고 그냥 넘어갔다. 머릿속에서 '이거 뭐지?' 하는 생각이 들었다.

어떻게 저런 말을 태연하게 할 수 있을까 하고 잠시 혼란스러웠다. 분명 나의 외모 때문에 저렇게 말하는 거라면 몸 관리를 안 한 내 문제인가? 그동안 내 행색이 그렇게 엉망이었나? 아니면 내가 정말 편하게 느껴졌다는 말인가? 아무리 생각해도 불편한 마음이 가시지 않았다. 그날 느낀 감정은 분명 봉변이었다.

가게에서 일할 때 호주 할머니들은 동양 사람 나이 가늠을 못 해서 가끔 나를 임산부로 착각한다.

"임신한 사람한테 무거운 물건을 꺼내게 해서 미안해."

나는 손자도 있는 할머니라고 하면 내 손을 덥석 잡고 미안해서 어쩔 줄을 모른다. 늦은 나이에 결혼하고 아기를 갖는 사람들이 많아진 요즘이니 그런 착각이 잘못은 아니다. 내가 동안인 것에 방점을 둔다면 웃고 넘길 일이다. 하지만 한편으로 생각하면 오지랖 할머니들이 공연히 내게 살 좀 빼라는 의미로 말한 것인지도 모르겠다.

뚱뚱한 사람은 은연중에 만만해 보이나 보다. 속에서 한번 거르고 생각하는 과정 없이 말해도 된다고 생각하는 것일까? 펑퍼짐한 모습처럼 감정도 무디고 대충, 적당히 말해도 까다롭지 않게 다 넘어갈 수 있다고 생각하는 것 같다. 자기가 한 말이 남에게 상처가 된다는 사실을 모르고 넘어가는 것은 '말 뺑소니'다. 분명 모르지 않을 텐데 상처를 내고 은근슬쩍 도망치는 것이다.

사람마다 마음속에 장착된 본성이 있다. 성격에 따라 말투도 다르다. 하지만 필터 없이 쏟아내는 말은 불편하다. 살찐 사람만 다이어트가 필요한 것이 아니라 늘 쓰는 말에도 적절한 제어가 필요하다. 사실 말투는 습관에서 나온다. 살아온 환경과 습관은 아무리 감추려 해도 속일 수가 없다. 은연중에 언제든 본 모습이 드러나게 된다.

나 역시 말실수에 관한 경험이 있다. 다시 생각해도 식은땀이 난다. 어느 날 가게에서 손님이 산 물건 포장을 할 때였다. 나로서는 꽤 꼼꼼하게 잘 포장하고 있는데 겹겹이 싸기를 원했다. 손님은 물건을 담을 수 있는 커다란 쇼핑백을 들고 있었다. 포장을 마친 물건을 손님이 들고 있던 쇼핑백에 담아주려 하자 못마땅한 표정으로 손을 밀치더니 다시 비닐 백에 담으라고 했다.

요즘 지구 환경문제로 비닐 백 사용을 자제하라는 정부의 지시가 있었다. 필요 이상의 비닐 백을 원하는 사람을 보면 개념이 없고 한심해 보였다. 나도 모르게 들릴 듯 말 듯 구시렁대는 혼잣말이 튀어나왔다.

"그럼, 쇼핑백은 뭐 하러 가져 왔누." 잠시 침묵이 흘렀다.

"한국 사람입니까?" 천천히 한국말로 내게 물었다.

순간, 머릿속이 하얘졌다. "네." 굳은 표정으로 답했다. 사실 혀가 굳어 더 이상 아무 말을 할 수가 없었다. 나는 그가 한국인 일거라는 생각을 하지 못했다. 그 역시 마찬가지였던 듯하다. 우리는 서로 무의식중에 본성이 드러난 셈이었다.

나는 분명하게 내 감정을 말하는 것에 익숙하지 않다. 어린 시절부터 착하고 의젓하다는 소리를 듣고 자랐다. 그 틀에 갇혀서 살았다. 그 말은 오히려 내게 독이 되었다. 사람들과 소통에서 속내를 잘 드러내지 않는다. 늘 적당히 괜찮다고 말하고 알아서 짐작하기를 원하는 편이다. 그러나 속내는 괜찮지 않을 때가 있다.

나는 절대로 착하지도, 의젓하지도 않다. 마음속에 들끓는 생각을 드러내는 것에 서투를 뿐이다. 그 서툰 감정은 가끔 제어되지 않고 불쑥 튀어나올 때가 있다. 내 속에서 부글부글 끓다가 더 이상 참을 수 없을 때 터져 나온다. 들끓어 터질 때까지 기다리지 말고, 미리 김을 뺄 필요가 있다.

생각을 바꾸기로 했다. 말 뺑소니까지는 아니더라도 제때 하고 싶은 말을 하면 된다. 그러면 내 마음도 다치지 않고 관계도 비틀어지지 않을 것이다.

C 선생은 그날 왜 내게 그런 말을 했을까? 내가 정말 편해서 그렇게 말했다고 믿고 싶다. 나도 그가 이모처럼 친근하게 느껴진다. 그래도 궁금한 사실은 남아 있다.

"대체 누가 쭉쭉 빵빵이라는 거예요?"

문학동인 캥거루

수필　김미경　velveteu@gmail.com
　　　　김은희　73bossley@gmail.com
　　　　박새미　saemi_saemi@hotmail.com
　　　　박성기　historymakernz@gmail.com
　　　　안동환　davidan1122@hotmail.com
　　　　양지연　warum.genug@gmail.com
　　　　유금란　geumlanyu@gmail.com
　　　　임을옥　joy1869@gmail.com
　　　　장미혜　elliottkim2007@hotmail.com
　　　　장석재　jaekoau@hotmail.com
　　　　정동철　doota21@gmail.com
　　　　최지나　hope33gn@gmail.com

시　　　공순복　cacti17@gmail.com
　　　　김인옥　stellainok@naver.com
　　　　민명숙　susie210@hanmail.net
　　　　신현숙　sydneypoem@naver.com
　　　　윤희경　kyun7884@gmail.com
　　　　이남희　namheelee1957@gmail.com
　　　　최무길　Mookilchoi7@gmail.com

캥거루

초판 1쇄 인쇄 | 2025년 07월 25일
초판 1쇄 발행 | 2025년 08월 01일

지은이　최지나 유금란 박성기 양지연 안동환 임을옥 정동철
　　　　　박새미 장석재 김은희 장미혜 신현숙 김미경
펴낸이　문정영
펴낸곳　시산맥사
편집주간　김필영
편집위원　최연수 박민서
등록번호　제300-2013-12호
등록일자　2009년 4월 15일
주소　03131 서울특별시 종로구 율곡로 6길 36. 월드오피스텔 1102호
전화　02-764-8722, 010-8894-8722
전자우편　poemmtss@hanmail.net
시산맥카페　http://cafe.daum.net/poemmtss

ISBN 979-11-6243-609-7 (03810) 종이책
ISBN 979-11-6243-610-3 (05810) 전자책

값 15,000원

* 이 책은 전부 또는 일부 내용을 재사용하려면 반드시 저작권자와 시산맥사의 동의를 받아야 합니다.
* 이 책은 교보문고와 연계하여 전자북으로 발간되었습니다.
* 본문 페이지에서 한 연이 첫 번째 행에서 시작될 때에는 〈 표기를 합니다.
* 저자의 의도에 따라 작품의 보조 동사와 합성 명사는 띄어쓰기가 달라질 수 있습니다.